出版人に聞く 8

高野肇

TAKANO Hajime

貸本屋、古本屋、高野書店

論創社

貸本屋、古本屋、高野書店　目次

第Ⅰ部

第Ⅱ部

貸本屋、古本屋、高野書店

インタビュー・構成　小田光雄

第Ⅰ部

1　前口上

――高野さん、本日はよろしくお願いします。その前に私のほうから少し高野さんのことを紹介させてもらいます。高野さんは小田原でずっと古本屋を営みながら、様々な出版史資料を収集し、近世から戦前戦後にかけての研究を続けてこられました。

高野　いや、そういわれると本当に恐れ多いです。小田原という地方の場末の小さな古本屋の仕事ですから、ただ資料の羅列のようなところもあり、無学と不勉強は自分でも承知していますので。

――私が拝見しているだけでも高野さんは、七百ページを超える『神奈川古書組合三十五年史』（一九九二年）の編纂と執筆に携わり、地元の同人誌『扣之帳《ひかえのちょう》』に「近代神奈川の書籍文化」を連載されています。それから近世文学研究者の鈴木俊幸の『江戸の本づくし』（平凡社）などを読んでいますと、その「あとがき」に資料収集に関して高野さんの名前が出てきたりします。

それら以上に感銘を受けましたのは今回の『高野書店古書目録』（二〇一一年）で、これはサブタイトルとして「書籍文化資料」とありますように、二八七点に及ぶすべてが写真入りの「目録」にして「資料集」です。私などはつい一日読みふけりというか、見ていてタイムトンネルをくぐっていくような気持ちにさせられました。すばらしい一冊で、今日はこれから始めるしかないと思ってやってきました。そんなわけで、この目録のことをまずうかがわせて下さい。

2 『高野書店古書目録』

高野　これには発端がありまして、『神奈川古書組合三十五年史』の編纂の際に、明治から昭和戦前にかけての古本屋兼貸本屋に関する記述を考えたのですが、資料が集まらずに断念してしまった。

その後もこのことが頭から離れず、古書市場で貸本屋などの資料を集め、図書館の書庫に入って調べ、研究論文なども参照し、少しずつノートに記してきたわけです。

そんな経緯があって、一九九九年に古書目録『さがむ』第6号を発刊し、書籍商関係資料を載せたところ、これまでになく全国からの注文が入り、その反響の広がりに驚きを覚えた。それまでの目録は神奈川の地方史資料を専門にしていましたので、目録発行後の三日間であらかたの注文が入り、すぐに勝負がついていた。しかしこの時ばかりは一カ月半経ってもまだ注文が入り、本当に嬉しい誤算で、大いに勉強させられた。

――なるほど、残念ながらそれは拝見しておりませんが。

高野　それからそういった客層にも応えなければと思い、古書市場で目にした書籍文化資料を集めてきたわけですけど、目録に見られるように、十年近くかけても二八〇点ほどにとどまり、しかも貸本関係資料が多くを占めている。

――私もこれらの資料を見て意外に思いました。

3　貸本屋の広がりと全国的読者

高野　それでこのように貸本関係の資料が古書市場で少なからず見つけられたのは、それだけ全国に読者がいて、広く貸本の営業が成立していたことの証ではないかと考えるようになった。江戸時代から昭和戦前までだけでも、その数は全国的に累計すれば、十万店を優に超える営業者がいたとも想像できるわけです。

ところが貸本研究に不可欠な江戸期貸本目録の研究に基づく報告はわずか三例しか見出せないので、それが不思議な気にもさせられます。

――貸本屋は戦後の全盛期には三万店あったと伝えられていますから、戦前も想像以上に存在していたと考えて間違いないでしょうね。

高野　それとこの貸本屋は兼業が多かったことも事実です。つまりサイドビジネスだったこともあって、なかなか独立したビジネス研究の対象にならなかった。実際に私のところの高野書店もそうで、古本と貸本を兼ねていた時代があったし、新刊書店もまた貸本を扱っていたところも多々あった。

――それは一九六〇年代までのことを考えると、よくわかりますね。今のようにあらゆる商売がナショナルチェーン化されている状況と異なり、いわゆる小商いの時代で、小さな商店が無数にあり、それが色んなものを兼業していた。私が通っていた貸本屋というのは駄菓子屋兼雑貨屋で、そこに貸本コーナーもあった。もっとも長い期間ではなかったにしても。

高野　そうなんですよ。だから新刊書店と古本屋だけでなく、日本の書物文化の底上げを担ったのは数からいってもこれらの貸本屋も大きな役割を果たしたのではないかと思っている。それこそ全国津々浦々に存在したであろう他業種の貸本兼業者を無視できないのではないかと。

―― それはいえる。一九六〇年代における三万店の貸本屋といえば、新刊書店の倍はあったことになりますから。

高野 もちろんそれらが小さかったことはよく承知していますが、この膨大な数の他業種による兼業貸本屋がどのような業態であったのか、貸本書籍の仕入れ方法、同業者間の売買、蔵書目録の活用、読者の実態、中央と地方貸本業界の動向などについて、まだまだ解明の余地が残されていると思うようになったわけです。

―― そのような高野さんのモチベーションがこの一冊の『高野書店古書目録』に凝縮されているとよくわかります。これはもう残部もないということですし、読者の目にふれずに終わってしまう資料も多く含まれていることになります。そこで重要な資料と思われるもの、また私の関心が重なるものなどをいくつか取り上げ、紹介しておきたい。それに高野さんのコメントと補足をお願いしたい。どうでしょうか、高野さん。

4 『目録』のコンテンツ

高野 それでかまいませんよ。

―― 最初から蔦屋重三郎の肖像画が出てきて迷ってしまいます。これは歌麿による蔦屋の寛政三（一八〇二）年の晩年の姿で、初めて見ます。でも最初から取り上げていくと、全部に言及したくなりますので、涙を呑んで、次のように厳選十五としました。とりあえず挙げてみます。カッコ内は目録ナンバーです。

1―(8) 地本錦絵問屋
2―(27) 新築成就開舗広告
3―(30) 東京本町三丁目　金港堂開業広告
4―(32) 小諸本町　相場書店引札
5―(37) 長岡表四之町　鳥屋重左衛門
6―(62) 信州松本鶴林堂貸本資料

5　地本錦絵問屋の引札

——それでは1から始めさせてもらいます。

これは東京日本橋の地本錦絵問屋の滑稽堂秋山武右衛門の引札で、選んだ理由は取扱商品の多様性からです。摺物、絵、団扇、暦、引札といった近世から継続されたものから、学校用教科書、和漢書籍、小説類などの近代書籍に加え、種々の新聞雑誌の売捌所にして、出版広告も入っていますので、この一枚によって、滑稽堂が近世から近代にかけての過渡期の出版業界の姿を象徴的に示しているように思われます。

高野　これは明治期のものでしょうし、目録にはこの種の引札を十点以上掲載していますが、取扱商品の多様性が特色ですね。それに書店と取次と出版も兼ねていることもよくわかるわけですから。江戸時代の営業形態を受けついだ地本錦絵問屋や絵双紙店などが商店内容からどのような変化をこうむらざるをえなかったかが浮かび上がってくる。

――本当にこれはそういった近世から近代への出版業界の変化を自ずと示していることになりますね。

6　新築成就開舗広告

――次の2は千葉県佐原の正文堂利兵衛の新築成就開舗広告です。これは引札というよりも文字通り長い口上を添えた広告といっていい体裁で、これにも取扱商品の明細が掲載されています。

高野　これはめずらしいものだと思います。明治一三（一八四六）年七月と時代も特定できるし、二階建の正文堂書舗の絵も入っていて、「書物屋の正文堂」という記述も見える。それから新本、古本の書籍の他に、学校用の文房具類、筆や墨、さらに各種の薬を商っていることもわかる。

――これを見て、この「出版人に聞く」シリーズ5に出てもらった能勢さんの話を思い浮かべた。彼の実家はやはり千葉の多田屋で、その起源は医業を営みながら私塾を開き、それに必要なテキストや筆墨を売ったことにあるということでした。当然のことながら、薬も売っていたでしょうし、この広告とその話を合わせますと、近代書店の最初の在り方が浮かんでくる。

高野　薬と書店は切り離せないですね。この目録でも神田末広町の青雲堂が書店でありながらも、登龍門という看板を掲げ、龍聖湯なる薬を売っていたことを示す引札を収録していますが。

――あの青雲堂のカラーの引札は取り上げようと考えたのですが、有隣堂のところで薬のことにふれますから、あえて外してしまいました。ちょっと残念ですけど。

3も広告で、これは一枚二〇万円となっていますので、貴重なものなんでしょうね。

7 金港堂開業広告

高野 3のこの金港堂開業広告は金港堂が明治九（一八四二）年七月に横浜から東京本町三丁目へ移る案内ともいうべきものです。ご存知のように金港堂とその創業者原亮三郎のことは神奈川の文化史にとっても重要で外せません。

これは『神奈川古書組合三十五年史』の「年表」にも記しておきましたが、原は県庁の役人から明治八（一八四一）年に横浜の弁天通六丁目に金港堂を創業し、翌年案内にありますように東京に移ります。そして教科書出版で成功し、明治二〇（一八五三）年には東京書籍出版営業組合初代頭取に就任している。だから博文館と並んで金港堂の躍進ぶりがわかる。

―― 横浜が送り出した近代出版業界のパイオニアということになりますね。

高野 そうです。その門出を示す記念すべき案内がこの金港堂開業広告と見なしていいでしょう。ただ明治末の教科書疑獄事件による原と金港堂の凋落は本当に残念なことだと思います。

――原と金港堂が大正、昭和を通じてまだ健在であったら、横浜も含めた出版シーンも少しは変わっていたかもしれませんからね。

次の4は長野県の小諸本町の相場書店の引札です。私はこのようなカラー多色刷の書店の引札を初めて見ましたが、このような引札はめずらしいものなんですか。

8　カラー多色刷の書店引札

高野　いや、そんなことはありません。時々古書市場で見かけますし、全国的に考えれば、書店のカラー引札もかなり多く出されていたんじゃないでしょうか。

これにも新刊と古本の書籍や雑誌に加えて、それに筆墨硯文房具などの扱いも明記されているから、やはり兼業だったことがわかる。また最新流行エハガキとの表記もあるから、この引札が出されたのは明治末期だったと推測できる。

――これまで取り上げた三つの引札や広告に比べて印刷技術も格段に進化したことも表れているわけですね。

高野　明治後半は日清、日露戦争を経ることで、報道のために印刷技術がものすごく進化し、それが雑誌にもただちに投影されたから、こういった引札にも影響を及ぼしていることになります。それで書店のカラー引札も増えたのでしょう。

9　書店兼貸本屋案内

――次の5はモノクロに戻ってしまいますが、新潟の長岡表四之町の鳥屋重左衛門という人が営む書店兼貸本屋の案内で、これもその在庫分野リストを伴っていて、儒書、医書、詩文集、算書、西洋翻訳書類、経書、唐本など三十近くの分野の本が挙がっています。

高野　これだけ広い分野の、しかも医書まで挙げられているのを見てもわかる通り、長岡の有力店で明治一〇年代の書籍奥付あとにある、売捌店として多く名前が登場する店と同一と思われます。もしかしたら江戸期からの営業者かも知れません。

――確かに同じようなモノクロの書店や貸本屋のラインナップに比べて、圧倒的にジャンルが広く、地方においてこれだけ揃えるためにはとても一代では無理なような気がしますね。

10　鶴林堂貸本資料

――　次の6は信州松本の鶴林堂貸本資料です。これも書店と貸本の他に書籍の装丁と製本、自費出版とその販売、文房具はもちろんのこと、歯磨、石鹸、眼鏡なども取扱商品となっていて、万屋的色彩が強いといえそうです。

高野　これは明治二〇年代の始めのものでしょう。ここで注目すべきは「貸本」とある下に「諸学術書及ビ稗史小説ノ新著訳書ハ勿論和漢英ノ書ヲ蒐集シ勉メテ新式ナル簡便ノ方法ヲ設ケ相当ノ見料ヲ以テ借覧ニ応ス」との文言が入っていることでしょうね。

つまりかつての和本ではなく、新しく出された学術書や小説の新刊、洋本の貸本も始めましたという案内でもあり、それが「新式ナル簡単ノ方法」と謳われていることになる。

――　調べてみますと、鶴林堂は明治二三（一八五六）年に創業となっていますので、「開店以来日未夕浅キ」との文からすれば、これは新たに貸本も始めたという宣伝も兼ねている広告だと見なせる。

でもこのようにして始まり、創業百年を経たにもかかわらず、鶴林堂は倒産してしまった。一年ほど前に松本にいった時、その前を通りましたら、まだそのビルがそのまま残っていて感慨を覚えましたね。

次は7の貸本店大野源蔵の引札で、薬の腹内掃除丸などを売っている案内です。これはちょっと説明が必要ですので、高野さんからお願いします。

11　有隣堂の前史資料

高野　大野源蔵は横浜の新刊書店の有隣堂の初代大野大助の実父で、この明治一〇年代と見られる引札によって長年不明だった源蔵の営業内容が明らかになったわけです。それでこれを有隣堂さんに贈呈をしたところ、ルーツだということで、『有隣堂１００年史』に活用され、掲載されるに至りました。

――それはよかったですね。

尾崎秀樹、宗武朝子編『日本の書店百年』（青英舎）を見ますと、日本社の脇阪要太郎と創元社の矢部良策の「薬と本は兼業だった明治半ばまでの大阪のしきたり」という対談があって、薬屋といえば本屋であり、本屋といえば薬屋であった時代が存在したと証言している。それは関西だけでなく、関東も同様だったことを2のみならず、青雲堂や7の引札は証明していることになる。

高野 江戸時代には山東京伝も読書丸という薬を売っていましたし、本居宣長も自分で作った薬を商っていましたから、薬と本の関係には長い歴史があると考えたほうがいいでしょう。引札や広告を見ていると、地方の場合多くの兼業から始まり、次第に書店専業になっていったんじゃないでしょうか。

―― 確かにそう考えるべきでしょう。ただ戦後の書店のことを考えると、楽器販売や語学教室の兼業はよくありましたけれど、薬屋というのはもはや聞くことはなかったので、昭和戦前でそのような兼業状況は終わっていたと判断できますね。

さて次の8の「和漢西洋之群籍貸本競」は一枚物の見立て番付ですが、これには三百点ほどの書名が挙がっていて、いわゆる貸本ベスト、及びロングセラーリストを形成している。ただ「西洋」とも入っていますが、書名からいってもその数は非常に少ない。

12　「和漢西洋之群籍貸本競」

高野　これは小石川水道町の文雅堂が発行したもので、明治一二（一八四五）年に出されています。だから江戸時代からの貸本の流れが継承され、この文雅堂のリストは軍記物が上位のほとんどを占めていることからすると、きっと読者が男性客の多かったことを物語っているのかもしれません。

――きっとそうでしょう。田山花袋の『東京の三十年』（岩波文庫）に貸本屋の熱心な客としての伯母さんが出てきますが、これらの軍記物の読者にはふさわしくありませんから。それとこのラインナップは紛れもなく近世読者的で、明治三〇年代に叢文閣の足助素一が小樽で開いていた貸本屋の独立社のブックリストにある濃厚な近代読者的色彩はまったく見られない。そういう意味でも対照的で、これはとても貴重な資料でしょう。

高野　そういって頂けると有難いですね。それでちょっと高いですけど、六万五千円の値段をつけています。

――今、花袋の『東京の三十年』にふれましたが、9の「貸本規則」はそれこそ花袋も利用していたいろは屋のものです。高野さん、そうですよね。

13　いろは屋貸本規則

高野　これは明治二四（一八五七）年のものですから、8からちょうど十二年後の貸本屋ということになります。この時期の貸本屋についてはいろは屋も含んで、浅岡邦雄の「明治期『新式貸本屋』と読者たち」（『日本出版史料』5所収）で論じられていまして、とても教えられたのですが、共益貸本社、共益館、便益館、東京貸本社、博覧堂、石垣貸本所と並んで、いろは屋も当時の新式貸本屋のひとつだったようです。この「貸本規則」の第一条に「弊店貸本之書籍ハ政治法律経済教育哲学歴史伝記地理物理化学算術簿記商業字書稗史小説ノ新著訳書ハ勿論和漢英ノ書ヲ蒐集シ相当ノ見料ヲ以テ借覧ニ応ス」とありますから、専門書を主とする新しい貸本屋だったと考えていいでしょう。

――この第七条にある「借覧者ハ来店ノ上住所氏名ヲ示シ借覧書箱《ママ》ノ正価ヲ保証金トシテ預ケ借覧セラルベシ」という一文は専門書の貸本屋規則として興味深いですね。

高野　神田錦町の学生相手の貸本屋だったことの反映でしょうし、本が貴重なものであった時代を示している。この「保証金」は大文字ゴチックになっていますから、貸本屋の重要なアイテムだったとわかる。今の言葉でいえば、どのような客であれ借すわけですから、この保証金が貸本屋のセーフティネットになっていたのでしょう。

―― 見料も本の価格によって色々だったようで、これも当時の本の定価の変動に合わせていたことになりますか。

高野 そうだと思います。

14 『巡回文庫図書目録』

―― 次の10は『巡回文庫図書目録』です。

高野 この巡回文庫に関しては永嶺重敏の『〈読書国民〉の誕生』（日本エディタースクール出版部）に一章が割かれていて、明治三〇年代から新聞社や出版社によって郵送による貸し出しを推進する巡回文庫が取り上げられています。その例として、大日本国民中学会図書館や横浜貿易新報巡回文庫などが挙げられている。

これは時代が少し飛んでしまって昭和五（一九三〇）年のものですが、昭和初期まで巡回文庫が続いていたことの証明になる。

――巡回文庫とはアメリカのサーキュレーティング・ライブラリーを訳したもので、読書過疎地域にいる地方読者支援のためのものだったようですね。

高野　この『巡回文庫図書目録』は仙台市の仙台新生館というところから出されていて、キリスト教書が中心になっている。だからこれは教会を中心とするキリスト教関係者のための巡回文庫であって、各地方にこのような巡回文庫があったのではないかと思います。この内容見本には「在庫書籍約一千巻の中のほんの見本にすぎません。文庫会員として御申込の方へは図書館目録を御送り致します」と明記されているので、東京の小さな貸本屋よりもずっと書籍が揃っていたかもしれません。

15　萬巻社広告

――確かにそうですし、そう考えると巡回文庫というのは郵送による貸し出し図書館と言葉を置き換えたほうがわかりやすい。

さて次の**11**は萬巻社の「図書貸出・雑誌交換」の広告で、これもまた非常に興味深い。

『トルストイ全集』などの掲載からすると、おそらく大正時代のものでしょうね。

髙野　この萬巻社の広告は時々見かけるし、それほどめずらしいものではないのですが、萬巻社に関する詳細はわかっていませんし、研究もないのではないか。

萬巻社の特色は自宅郵送貸し出しで、読了した雑誌を希望する雑誌と交換できることも謳い文句になっていて、「本社は読書家の組合也、共同図書館也、活ける天下の図書館也」とあります。住所は赤坂区台町で、「本邦唯一の読書機関」というキャッチフレーズが付せられている。

この萬巻社がいつまで続いたのか不明ですが、明治初期の江戸と変わらない貸本屋の業態からすると、随分変わったものだと実感しますね。

――おそらくそれは仙台新生館がキリスト教と関連していたように、様々な文化や社会運動と密接につながっていたのでしょうし、萬巻社もきっとそうだったのではないか。

16　村井佐造『回読雑誌・貸本業実地案内』

次の12の古典社の村井佐造著『回読雑誌・貸本業実地案内』もそれを物語っている気が

します。実は私も『古本探究Ⅱ』（論創社）で、この古典社と経営者の渡辺太郎にふれています。古典社は『古本年鑑』などを出していますが、このような本も出していたんですね。

高野　著者の村井佐造は昭和初期に古本と貸本兼業店を立ち上げた人で、村井の功績は大きく、同業者の開店を促し、またこの本によって、全国に回読雑誌会が増加しました。昭和一〇（一九三五）年発行で、わずか五五ページですが、影響力は大だった。同種の本として目録にも掲載した石井研堂の「独立自営営業開始案内」第二編の『新古書籍業・新聞雑誌取次業・絵葉書絵双紙業・貸本業』も有名ですが、村井の本も実際の影響力からすれば、見逃すことのできない一冊だと思います。

――そういえば、同じく永嶺重敏の『モダン都市の読書空間』（日本エディタースクール出版部）の中に雑誌回読会のことも出ていましたね。

石井研堂のほうは大正二（一九一三）年に出ていますね。とすれば、こちらもそれなりに実用書の機能を発揮していたことになる。村井の本と同じ頃に志水松太郎の『出版事業とその仕事の仕方』という本が志水の営む峯文荘から出され、発売所の栗田書店と東京堂で版を重ねたようですが、こちらは出版社だけで、書店、古本屋、貸本屋には言及がない。

高野　でもよく考えてみると、戦後も古本屋や貸本屋の開業のみに関する本は少ないわけで、村井と石井の本は貴重な二冊に位置することになりますね。

――　10と11に続いて、12で回読雑誌という貸本形式を目にしますと、いくつかのエピソードを思い浮かべてしまう。

ひとつは一九六〇年代に公務員官舎に住んでいた友人の話で、それによると雑誌の新しい号が出ると、貸本屋がその予約順に官舎を廻って配達してくれるというものだった。

それから次は一九七〇年代のロンドンの話で、これもまたそこで貿易商を営んでいる友人から聞いたのですが、ロンドンでも当時日本人社会がそれなりにできあがっていて、現在とはまったく状況が異なるので、日本語の活字に飢える人たちが多くなってきた。そこで誰かが貸本屋を始めることを思いつき、毎週ダンボールに日本語の小説などをつめ、日本人の働く会社や職場を巡回するようになったという話だった。

このふたつの例は巡回文庫、巡回雑誌から始まっているのではないか。官舎を廻る貸本屋は戦前からのそうした例を知っていて、ロンドンの貸本屋は官舎にいた友人と同じような体験があって、おそらくそれを応用して始めたと考えてもいいような気がする。

高野　その話は初めて聞きました。貴重な証言ですね。村井の仕事が海外でも応用されていたとすれば、彼の後づけのためにも調査する必要は十分あると思います。

17　兎屋書店受領証

――さて次は13の兎屋書店の受領証です。これは例の兎屋誠の受領証と見ていいんでしょうか。

高野　前田愛の『近代読者の成立』（岩波現代文庫）の中に出てくるあの兎屋です。内田魯庵の『読書放浪』（東洋文庫）にも、糊とハサミで愚書悪書を大量生産して大儲けし、馬車を乗り回していたと書かれています。

――でもその全盛は短かく、跡形もなく消え去ってしまったという兎屋が貸本屋もやっていたようですが。

高野　明治一八（一八五一）年四月二九日付の『自由燈』を見ると京橋区惣十郎町二番地に貸本部設立の広告が出てきます。

18　嵩山房といろは屋

――目録の貸本資料をずっとたどってきて、明治初期から昭和一〇年頃までの流れを見てきたわけですが、江戸時代形式の貸本屋から洋本や専門書の新式貸本屋、それから巡回文庫といった郵送による貸本屋などへと進化していったことがわかりました。おそらくそうした貸本屋の動きに合わせて14の嵩山房のような出版社兼取次も様々に機能していたんじゃないでしょうか。

高野　いろは屋の小林新造は嵩山房の小林新兵衛の息子ですから、嵩山房のルートを使って仕入れを行なっていたとも考えられます。商業関係の専門書もかなり掲載されているし、小林新兵衛の名前も裏面の左隅に見えている。このような後ろ盾があったこともいろは屋の貸本屋としての成功につながっていたはずです。

――私も嵩山房について書いたことがありますが、同じ日本橋に大阪を本店とする青木嵩山堂という出版社があって、他の出版社のものも取り次ぐ通信販売の元祖だったといわれている。そのような社名の共通性と会社の性格からいって貸本屋と何らかの関係があるのは確実だと思いますが、詳しいことはよくわからない。

高野　貸本屋のそうしたバックヤードについては資料がないこともあって、やはりわかっていないことが多いですね。それにもう新しい効き目のような資料が見つかるといったら、もはやその可能性は少ない。だから解明は難しいの一言に尽きてしまう。

19　絵葉書の中の書店

――そこら辺の事情はまた後でうかがうことにして、最後の15に移ります。目録の二百番台には多くの絵葉書が掲載され、どれを見ても高野さんのコメントがほしくなる懐しい風景だらけです。でもここではその多くの中から、三枚を選んでしまった。いずれも書店が映っているもので、近年になって消滅してしまい、出版業界でもニュースになっています。

絵葉書に関してはこの「出版人に聞く」シリーズ6で、古書ふみくらの佐藤さんから色々な話を聞いたばかりですが、高野さんからもぜひ語ってもらいたいと思います。

高野　これは六〇枚ほどなんですが、集めるのに六、七年かかっていると思います。名所旧蹟の絵葉書は観光用として作られますけど、地方の書店や古本屋はそれに属しませんから、きわめて少ない。もちろん開店とか何かの記念に作られたことはあるにしても、大量に出されたものではないので、なかなか見つからない。東京の丸善のような名所になったところは別ですが。

――だから一枚がそれなりの値段になってしまうのですね。

高野　そうです。その一枚を入手するために、一山とはいいませんが、束ごと仕入れ、そこから抜き出してくるわけです。

――佐藤さんが古書市場に出品した絵葉書の中にもあったとうかがっていますが。

高野　この目録の中の何枚かは佐藤さんの出品した中から拾ったものだと思います。

――ずっと見ていくと、書店が自ら発行しているものもありますが、ほとんどはメインストリートというか商店街の写真の絵葉書で、そこに書店や古本屋が写っている。それを見つけ出してくるわけですね。

高野　書店と古本屋の絵葉書が束になって市場に出るのであれば、何の苦労もいらないのですが、そんなことはありえないので、こうやって一枚ずつ集めていくしかない。

20　札幌富貴堂

――でもこれだけ集まるとひとつの古い街並と書店、古本屋の風景というだけでなく、ひとつの近代出版史資料になっていて、どの地方の文化史もこれらの書店や古本屋とつながっていたと想像できる。

そういう意味で札幌の富貴堂は有名で、北海道の文化史を語る上で不可欠な存在だといえる。

高野　富貴堂も初期には貸本も手がけていましたから、やはり有隣堂と同様に兼業だったわけで、この絵葉書に写っている看板には運動具とあるから、これらも手広く商っていたんでしょうね。

――地方の老舗書店の取扱商品から万屋的だったことを確認してきましたが、時代が進むと、外商先の学校が必要とする分野の商品を中心にして文化的商社のような機能を果たすようになったことを示している。やはり地方書店の成長は近代教育の発展とパラレルだった。文房具に続いて運動具や楽器が取り入れられていったのはその表れで、逆に学校と直接関係のない薬は今でいう薬事法の成立と絡んでカットされていったのではないか。

高野　それはこれらの絵葉書に写っている商品術の成長による住み分けも作用していて、薬は薬屋でということになっていった。

21　新潟北光社

――きっとそうでしょうね。それに漢方薬から近代医学に基づく薬といった転換も絡んでいるはずです。

次は新潟の北光社書店で、二枚あります。北光社は二〇一〇年一月に閉店し、客だった人が次のような短歌を詠んでいます。

北光社書店の今日を限りの閉店を惜しみて客はレジに列なす

最盛期には二八〇坪の老舗大型店で、新潟を代表する書店であり、閉店時にはそれを惜しむ市民の声が二〇〇〇通ほどウィンドウに張られ、地元紙でも大々的に報道されたと伝わっています。

高野　そうでしょうね。写真で見た限りでも戦前から大型店だったとわかりますし、立地もいいし、新潟の文化の窓口みたいな感じが伝わってくる。

――北光社のこの二枚の写真は明らかにかなり時代が異なっていて、めずらしい。

高野　下は戦前の昭和初期、上は戦後のものだと思われます。写っている二人の女性の服装や銀座街といった名称から、そのように判断できる。

――下の写真にはない横断歩道と電信柱の印象からしても、上の写真は間違いなく戦後で、このような絵葉書が作られたこと自体、この商店街が名所だったことを物語り、その中心に北光社が位置していたのですね。

22　小田原八小堂

――次は最後になりますが、小田原の八小堂です。

高野　八小堂は同じ小田原ですので、ずっと見てきましたが、戦後の開業で二〇〇四年まで営業していた。だから小田原の人たちには伊勢治書店と並んで、よく親しまれた書店でした。絵葉書では「講談社の絵本」という看板しか写っておらず、店の構えがうかがえないのは残念ですが、品揃えもよかった。

この八小堂書店の経営者である奥津久恵の『命あずけて』を持っていますが、これは書店史と彼女の句集を兼ねたもので、これによりますと、昭和三八（一九六三）年に地上四階、地下一階の八小堂ビルを建て、移転したとありますから、これはその前の店だと思います。


――ということはこの絵葉書に見られる風景は小田原の昭和二〇年後半から三〇年代前半のものなんですね。当初はこれらを掲載する予定でしたが、全部売り切れてしまったということで、それを断念するしかなく、とても残念です。

これらの絵葉書についてはまだ他にも色々とうかがいたいことだらけですけど、後のことを考えますと、ここら辺できりにしなければなりません。

23 『目録』に至るまで

――最後にこの目録に至るまでのエピソードなどをお話し頂き、目録に関する章を終えることにします。高野さん、色々と補足することもあると思いますので、そこら辺の事情もお聞かせ下さい。

高野 最初に少し話しましたが、このような資料を扱うようになったのは神奈川郷土史文献に目を向けたのがきっかけです。

それでその古書目録『さがむ』を発行し、点数は少ないにしても、全点写真版で掲載するようにした。それらの中には横浜税関の資料や写真帖、横浜海岸基督教会月報、大部の秩父困民党資料などがあり、目録掲載以外の重要資料としては、戦中の神奈川特高資料、沢庵和尚『鎌倉記』、北村透谷『蓬来曲』などが見つかり、これらは今ではほとんど見ることのできないもので、ものすごく好評で、高価であったとしても確実に売れていった。

このような資料の発見と好調な売れ行きは私の後半生の古本屋の営業と思考に大きな影響を与えることになります。

―― それが貸本や出版業界資料の収集へと結びついていくわけですね。

高野 まさにそうです。それが前にお話ししました『さがむ』第6号（一九九九年）につながり、四十点ほどを掲載したところ、予想外の反響があったわけです。その中の目玉は元禄から明治頃の大阪書肆千草屋新右衛門家文書約四〇点、享保から明和にかけての伊勢山田書肆講古堂加藤家文書八一点で、発行目録部数は五百部でした。
この当時の日記が出てきたので確認してみますと、全国各地の図書館、大学、研究者からの注文が一カ月半にわたって続き、千草屋と講古堂の資料に集中していた。先着順なので、一番目の人がキャンセルしない限り、他の人の注文には応じられなかったのが残念でもあった。

―― これまでの目録とまったく反応がちがっていたことになりますか。

高野 得難い経験でしたね。全国にいる近世出版史研究者を知ったこと、その人たちが著書や論文を送ってくれたことが私のそれらについての勉強の学恩となり、その方面の資料をさらに集めようとする動機にもなりましたから。

―― その号の売上はどうだったのですか。

高野 全掲載商品の半分ほどの売れ行きで、結果としては以前の目録の売上とそれほど変わりませんでしたが、古本屋の営業方針はその時代の流れを敏感に受け止め、まだ他の同業者が手をつけていない分野を開拓する精神、勇気、計画を持つことが大切ですから、その新しい道筋をつけてくれたことになる。

―― 売上だけでは計れない多くの示唆を得たというわけですね。

高野　そうです。それに近世出版史資料の多くはこの号のために長年寝かせておいたものですから、最終決算すれば赤字です。今回の目録にしても、やはり同様でしょう。現在では印刷費や送料などが少し安くなっているとはいえ、写真版のみの古書目録を継続発行することは経費がかかりますので、たやすいことではない。一点でも多くの高額商品による回収が最も楽なのでしょうが、そうは問屋が卸してくれません。

でも常に新しい分野を開拓していくことが不可欠ですから、このようなきっかけは古本屋にとっても売上以上に有難いわけです。

第Ⅱ部

24　貸本研究会への参加

――それらに関心を向けるようになったのは『神奈川古書組合三十五年史』（一九九二年）編纂が発端だったとお聞きしていますが。

高野　そのことに続いて、貸本の研究者の方がおられ、その人を経由して鈴木俊幸先生の論文を送ってもらった。鈴木先生は近世書籍文化史研究者であり、その論文を読んで、それらの資料がいつも目の前を通り過ぎていたことに気づいた。それからこれらの資料を集め出した。

一方で、貸本研究会というのが開かれていて、そこに鈴木先生が講師として出られていた。私は会員ではなかったけれどその主催者の貸本屋研究者の人が参加したらどうかと勧めてくれたので、出席することになり、それで鈴木先生とも知り合った。それからうちが出品している東京の古書展にも毎回きて下さり、お話をうかがうようになった。

――鈴木俊幸さんとの出会いも大きなきっかけで、高野さんの古書組合史の編集、古本屋の仕事、鈴木さんの研究がちょうどクロスし、今回のような目録の刊行に至ったことになりますか。

高野　そういう意味では幸運でした。今回の目録の一番に掲載した蔦屋重三郎の絹本肖像画も、鈴木先生の『蔦屋重三郎』（若草書房）を読んだから入手したもので、今回は目録に掲載しましたけど、ずっと架蔵し、時々虫干しを兼ねて、蔦屋重三郎と無言の問答をしていました。

ただ病膏肓に入るといいますか、近年古書市場にいくと、資料の探索が何よりの目的になっている自分に少しばかりあきれています。虫喰いでボロボロになった江戸時代の本、それらの本の見返しに貼付されている広告、表紙の裏打ちにされた貸本屋の断簡営業資料、一枚摺り広告などにだけ目がいき、それらは同業者でも嫌うもので、もっぱら私の「ゴミを探している」との言葉に納得しています。

その中で、信州諏訪の貸本屋蔵書目録を見つけ、これは江戸期貸本屋蔵書目録報告の三例目として、鈴木先生が『江戸文学』39号に発表して下さいました。

――蔦屋の歌麿による肖像はそういった経緯があったんですか。

高野　鈴木先生の学恩では、図書館の和本整理ボランティアで書誌作成表の教えを受けています。参加者に和本の取扱いについて話したところ地元の編集者もおられ、その後雑誌に書いてもらいたいということになった。それが『扣之帳《ひかえのちょう》』の「近代神奈川の書籍文化」になります。

――本来ならば、これらの高野さんの論考にも言及したいのですが、目録に関する部分と話がダブってしまうこともあり、ここでは差し控えます。その代わりにそれらのタイトルだけを挙げ、関心のある読者の便宜に添えればと思います。

1　「教科書販売者と書籍売捌所」
2　「貸本屋の取扱品目」
3　「大野源造・貞造のこと」
4　「横浜の書籍雑誌閲覧所」
5　「横浜の回読雑誌会」
6　「敗戦前後の貸本屋」上下

さて目録とそれに関する話で、イントロダクションが長くなってしまいましたが、これから高野書店の軌跡と高野さんが古本屋に至った経緯などをうかがっていきますので、よろしくお願いします。

25　貸本屋高野文庫開業

――確か高野書店はお父さんが始められたと仄聞しておりますが。

高野　父の堅治は戦中満州にいまして、詳細は省きますが、私も敗戦年の一月に満州で生まれています。帰国してから様々な職種についたようですが、一九五一年に小田原駅近くのマーケット「家庭街」で雀荘「上海倶楽部」を経営していました。小田原の有名人も出入りしていたらしく、私も後年になって小田原市立図書館に納品していた際に、市史編纂委員の人たちから、学生の頃はよく通ったものだと聞かされ、世間は狭いものだと実感したことがあった。

しかし父は身体を壊してしまい、雀荘を廃業し、一九五六年に全国的な貸本ブームの中で、職安の勧めもあって、貸本屋高野文庫を開業することになった。

――関西の新興貸本屋チェーンのネオ書房が東京都内に第一号店を出すのが一九五三年で、すぐに三十店に及び、都内だけで三千店に及ぶ貸本戦国時代を迎えていたと、『東京古書組合五十年史』（一九七四年）は伝えています。
『神奈川古書組合三十五年史』にも一泉堂書店の手塚實による「貸本ブーム」なる一章があり、神奈川のそれは一九五三年から十年間のことだったと述べられていますので、高野文庫の開店もそのブームの只中のことだった。

高野 一九五〇年版の『小田原商工名鑑』によれば、当時貸本屋は四店しかなかったようなので、その後にブームが起きたことになる。これはネオ書房の保証金なしという「新方式の貸本」が引き金になって、利用者を膨大に増やし、全国的に広がり、貸本屋ブームを形成する要因となったわけです。

――『神奈川古書組合三十五年史』もそれにふれているので、それを引いておきます。

この新方式での最大手はネオチェーンというチェーン組織で「保証金なしの新刊書籍雑誌の貸本店」を標榜して、宣伝費をかけ、きれいで明るい店で客を引きつけ、関西一円に発展していき、一大ブームを巻き起こした。
これに刺激を受け、デフレ下の不況にあえいでいた古本屋が次々この方法を取り入れ兼業を進めていったが、いちばん大きな影響はこの方式の貸本屋が小資本でき、特別な知識や経験もいらず、重労働でもなく、開業のための許可もいらないことから、素人の副業兼業に好適だとして、内職的な小規模貸本屋が大量に発生したことである。

この時、高野さんは年令からすれば、小学生だったと思いますが、高野文庫開業当時のことを覚えておられますか。

26　電柱広告とマンガカバー

高野　ええ、よく覚えています。私は小学六年生で、小田原市立城内小学校（現・三の丸小学校）から新玉小学校へと転校したばかりの七月が開店でした。考えてみれば、ちょうど五五年前のことです。

父はマンガのカバーを外して袖の白紙の部分に開店広告を書いていました。手伝えといわれて、近所の電柱に画鋲で留め歩いたことが記憶に残っている。それから下校時間に父が新玉小学校の校門前の向かい側の歩道にいて、生徒たちに開店案内のチラシを配っていたことも。子どもたちは「チョウダイ、チョウダイ」といって家にも持ち帰っていた。これは後に母から聞いた話ですが、近所の貸本屋の子どもにも渡ったらしく、同業者は戦々恐々であったようです。このチラシは父の友人の印刷所で作ったもので、その日のうちに全部まいてしまい、一枚も残っていません。そのために何が書いてあったのかわからず、もしどこかに残されていたならば、ぜひとも拝見したい資料に他なりませんね。

―― 電柱にマンガカバーのところに書いた開店広告を画鋲で留めるというのは本当に時代をしのばせるし、これには少しばかり註釈も必要でしょう。何よりも今や電柱はコンクリートになってしまって、広告やチラシを画鋲で留めることもできない。

高野 でも半世紀前は電柱も広告塔の役割を果たしていた。そういえば思い出しましたが、この電柱用の広告は墨で書いてあったので、雨が降って濡れると読めなくなるんじゃないか、子ども心にそんな心配をした記憶もあります。

また電柱に貼ったマンガのカバーはもちろんB6マンガの丸背のもので、近年は古書マンガブームもあって、これらのカバーも手塚治虫や水木しげるなどの有名マンガ家のものだと古書市場で相当な値がつくご時世になっている。

それだけでなく、当時は新着貸本のカバーを外し、店頭のディスプレイに使ってもいました。手塚や水木の初版カバー付きと欠とでは、近代文学の初版本と同様で、古書価に大きな格差が生じている。

――近代文学書のほうはかなり安くなっているようですが、マンガのほうは値崩れしていないのですか。

高野　相変わらず高いし、希少B６マンガ一冊がスリーナンバーの新車が買えるほどの百万円単位の値段で取引されている。

――それはすごい。

高野　カバーだけでも有名マンガ家のものは現在の古書市場で高額取引の対象になっている。最近それらを見ました。何十枚もの美品カバーが古書市場に出たんです。赤毛織の上に鎮座したそれらの姿を目にした時、貸本屋時代の記憶が瞬時に蘇えり、タイトルは忘れていても、表紙の絵でこれもあった、あれもあったと思い出したし、カバーの匂いと紙質のざらざらした感触もとても懐しかった。

――貸本マンガには一種独特の手触りがありましたからね。

27　貸本マンガの古書価

高野　それらのマンガの古書価の高さを当時の貸本屋に話すと、誰もが驚きます。それもそのはずで、あの時代に貸本屋が廃業した時、貸本組合非加入店が古本屋に二束三文で買い取ってもらったのはまだいいほうだったと思います。うちの場合、まだ人気のあるものは貸本市場に少しずつ出していましたが、残りの汚れたB6マンガや『影』や『街』などは一冊百円、最後には三冊百円で店頭販売、売れ残ったものは資源ゴミとして処分してしまった。

当時の古本屋にしても、貸本屋のマンガがこれほど高くなるとは誰一人予想せず、先見の明がなかったことに尽きますが、それゆえに現在における高額な取引が起きていることになる。

――『影』や『街』は二〇〇九年に小学館クリエイティブによって復刻された。『影』の創刊が一九五六年、『街』の創刊が五七年だから、ちょうど高野文庫の開店とパラレルだったんですね。今日それを持ってきました。

でも復刻版を見ますと、私は並製のソフトカバーだと思いこんでいたのですが、上製のハードカバーだったので、自分が貸本屋で読んでいたのはその後ソフトカバーになったものか、もしくは他の貸本マンガと混同したのかもしれません。

高野　創刊号は丸背のハードカバーですが、後の号になるとソフトカバーになっていたと思いますよ。

ただカバーの感じは間違いありません。ほら、袖のところの白い部分があるでしょう。ここに父が開店案内を書いたのです。

――ちょうど電柱にぴったり巻ける幅で、高野さんがこれを鋲で留めていたんですね。

高野　そういうことになります。何とも懐しいの一言に尽きます。

――それから貸本マンガの店頭販売で思い出しましたが、一九六〇年代末に私も一冊買っています。それはつげ義春の『流刑人別帳』で、東京トップ社から「残酷帳シリーズ」の一冊として出されたもので、やはりカバーはなく、また奥付に発行年月の記載もないですが、おそらく六〇年代前半の刊行でしょう。

高野　これは丸背ではなく、並製の角背になっているから、その時期だと見ていい。カバーはあったはずですが、タコ糸で貸本用に補強され、貸し出されるうちに破れ、とられてしまったと考えられます。どんな表紙だったんでしょうね。それこそつげ義春だから、かなり高い値段がつくと思いますが、残念ですね。

——定価が200円で、奥付裏に40と書いてありますので、定価二割の四十円で買ったことになり、高野文庫の最後の店頭販売値段とほとんど変わらない。町の路地奥の小さな貸本屋の棚にあったものです。

後に北冬書房から『つげ義春選集』が出たので、どうしてこの『流刑人別帳』は入っていないのかと、北冬書房の高野慎三さんに聞いたら、つげさんがこれはできがよくなくて恥ずかしいので入れないでほしいと頼まれたからだと話してくれました。二〇〇三年になって講談社の『つげ義春初期傑作長編集』に収録されましたけど。

貸本時代のことは近年になって、研究誌の『貸本マンガ史研究』（シナプス）や同研究会編・著の『貸本マンガRETURNS』（ポプラ社）が出て、以前よりはアウトラインがそれなりにつかめるようになりましたが、その全貌の解明はまだとても難しい。

28　高野文庫の在庫

高野　それは高野文庫の在庫内容にしても同様です。在庫目録は父が大学ノートに墨書で、「マンガ」「講談」「現代小説」と表題を書いていたのを見ています。「講談」とは時代小説のことです。

――ということは当時の貸本屋専業の柱はマンガと時代小説と現代小説だったということですか。

高野　そうです。雑誌を扱ったのはもう少し後になりますから。

ただ残念なのは在庫目録である大学ノートは紛失し、在庫そのものを処分したことで一冊も残っていないので、開店当初の在庫がどのようなものだったのかがわからないことです。

――高野文庫の開店当初の規模はどのくらいだったんでしょうか。

高野　三坪で、コの字型の本棚数から推して、小説とマンガで三百冊ぐらいの在庫だったんじゃないでしょうか。母の開店初日の記憶によれば、棚がガラガラになったといいますが、三百冊程度ではそうなって当たり前だったのではないか。
売上は母が記憶していて、初日は三八〇円でした。客数は二五人程、それぞれが一冊借りて二五冊、棚一段分が貸し出されたことになるので、棚が空いた感じになったのかもしれません。

―― 細かいことをお聞きして恐縮なんですが、当時の貸本屋の売上水準というものはあったのでしょうか。

高野 東京は別格にしまして、地方の貸本屋は一日一〇〇〇円といわれていた。だから三八〇円ではそれを大きく下回っていたことになる。つまり開店に備えての電柱への広告やチラシまきも効き目がなかったわけです。
ただうちが例外かというとそうではなく、秦野の貸本屋の大衆文庫も一九五八年六月に開店していますが、初日売上は二七三円と記録にありますから、どんぐりの背比べだったことがわかります。なかなかセオリーどおりにはいかない。

―― まあ、本に関係する商売というものはままならぬのが当然でもありますから。

29　読者だった夢枕獏

高野　読者のことでふれておきたいのですが、新玉小学校の近くに住んでいた米山峰夫という小学生がいつもマンガを借りにきていた。彼が今の流行作家の夢枕獏で、多くのベストセラー小説を刊行しています。獏さんがどんなマンガを記憶されているのか、一度聞きたいと思っています。でも彼は小説の執筆に忙しく、なかなか聞くチャンスがない。それで今日までずるずると持ち越している。彼のお母さんも婦人雑誌を借りにきていた。

――それは貴重なエピソードですね。彼はきわめつきのマンガファンのようで、『ガキのころから漫画まんがマンガ』（講談社）などを著している。彼の小説とマンガの関係は切り離せないでしょうし、ぜひ高野文庫の記憶を確かめてほしい。惜しいことにこの本にはマンガを借りたり、買ったりした貸本屋や書店のことはまったく出てきません。でもそういったインフラもマンガを読んだ記憶とともに残っているはずですから。

ところで小田原でも貸本屋は増えていたのでしょうね。

30　小田原の貸本屋と加藤益雄

高野　一九五〇年版の『小田原商工名鑑』に西湘地域貸本屋四店の記載があったことは前述しましたが、やはり小田原も全国的な貸本ブームを受け、貸本屋が増加しています。六二年版の同じ『名鑑』では一八店出ています。これは兼業比重のことも作用し、落ちているところもあり、私の調べたかぎりでは二五店、営業地が確認できていないところも三店ほどある。

とりわけ一九五九年が貸本の全盛期で、小田原市内の貸本屋の貸し出し冊数は『小田原図書館五十年史』の中に示された図書館館内外閲覧数のおよそ六倍に及んでいました。私の調査では一九五五年から六八年にかけて、新規開業、転廃業、代替わり、店舗移転などが繰り返され、延数にして四五店が確認できている。さらにそれを神奈川県全域に広げますと、八〇〇店以上を数え、小田原は横浜、川崎、横須賀に次いで四番目となる多さで、一九六〇年から六五年が成熟期だったといえるでしょうね。

――高野文庫の開店は五六年ですから、全盛期も成熟期も体験してきたことになりますが、お父さんもまったくの素人から始めたわけですよね。

高野　父が身体を壊したこともあって、それは肺結核だったんですが、やはり重労働はできないという現実もあったと思います。だから本のほうにも全然関係がなく、裸一貫から始めたとの感じが強い。

後に古本も兼業するようになりますけど、それも同業者から聞いたことから始まっている。市場に本を出せば、お金になる。今はこういう本が市場で求められているから、それを探して出品すればいいというアドバイスだったらしい。それで建場にも出入りするようになっていった。

――そこら辺はまた後でうかがうことにしまして、この時代に貸本市場が小田原に設立されたと聞いていますが。

高野　その設立功労者の一人が貸本屋の弘明寺文庫の加藤益雄です。彼は一九五五年に横浜から平塚に移転し、その翌年から秦野一店、平塚四店、辻堂一店と支店を六つも出しました。確か五六年から六二年にかけてのことだった。ただすべての支店が順風満帆ではなく、そのために見切るのも早く、スクラップアンドビルドが忙しかった。

加藤の精力的な動きを支えたのは横浜市中区の古本屋誠和堂の金沢健が身近なところに

いたことでしょう。金沢は神田の一誠堂に勤続八年五カ月で表彰され、一九三二年に横浜で独立創業している。だから戦後の貸本ブームの到来の中でも、ネオ書房のことなども含んで、古本屋の兼業としての貸本屋の事情にも精通していたし、それは誰もが認めていた。それもあって、加藤の西湘地域戦略の基本構想は金沢からの情報を加味して組み立てられていたと推測しています。

31　都崎友雄『新貸本開業の手引』

――これは青木正美の『ある「詩人古本屋」伝』（筑摩書房）で知ったのですが、この本の主人公の詩人ドン・ザッキーこと都崎友雄が東京古書組合の理事を務め、『古書月報』を編集し、一九五四年に貸本の指導を目的とした日本文化振興会を主宰し、そこから『新貸本開業の手引』という本を出している。この本に基づき、青木も五七年から貸本屋を古本屋の支店として七年間にわたって出すことになるわけです。

高野　おそらくそのような動きと加藤の出店戦略は同時代のことですから、明らかにつながっている。都崎の『新貸本開業の手引』は定価五十円で六〇ページばかりのものだったようです。

――後でもう一度ふれますが、実例としての陳列や店内の写真も収録され、とても興味深いし、青木の本にその目次が掲載されていますので、参考のために重要な部分だけを抽出しておきましょう。

1　新貸本業は時代の要求
2　営業の方針
3　店の位置の決め方
4　店の構え方
5　宣伝及サービスの方法
6　規約及会員の記帳法
7　帳簿の記帳法
8　どんな本をどれだけ揃えたらよいか
9　どうして本を仕入れる
10　貸本料金の決め方

11　貸本向書籍雑誌の改装法加工用具
12　最低どれだけ会員があれば成立つか
13　業者の実態—兼業者と新規同業者
14　法律上の問題
15　新刊小売業者と古本屋と新貸本業者
16　回覧雑誌講読会と新貸本業者

以下は省略しますが、これだけでもかなり至れり尽くせりの貸本屋開業マニュアルであることがわかります。

高野　私はこれを見た記憶はないのだけれど、5の宣伝のところに電柱貼りや学校前でのチラシ配りなどが記されていた可能性が高いですね。父が直接読んでいなくても、この本がベースになって、このようにやればと教えられたのかもしれませんから。

——それこそこれが貸本屋開業マニュアル本だった。また省略した19は組合結成の必要となっている。

高野　間違いなく、『新貸本開業の手引』が加藤のマニュアル本になっていたんでしょうね。組合は貸本市場と同様だと見なせますから。

彼はいつも貸本業界のことを気にかけていました。同業者からの小さなとるに足りない質問に対しても懇切丁寧に答え、小田原の貸本市場設立の時には中心になって西湘地域の同業者たちの取りまとめに尽力し、うちの父とも共同の歩調をとっていた。西湘地域貸本屋が集まりやすいという理由から、小田原駅より徒歩十分の地の利にある貸本屋千代田文庫の北栄一の奥座敷が貸本市場として借りられた。それは一九六〇年頃のようです。貸本市場の家主となる北栄一と父は旧知の間柄だったこともあって、その設立はスムーズに話が進み、開設にこぎつけたと見ています。

32　神奈川県の貸本屋

――当然のことながら、新たに小田原に貸本市場を設けるにあたって、何らかの周辺との摩擦はなかったのですか。

高野　なかったといえば、嘘になってしまうでしょう。一九六〇年代以後の貸本業界の斜陽化とともに、横浜の同業者が多く転廃業しつつあった中ですので、何らかの波風が立ったことは間違いありません。横浜の貸本組合からすれば、小田原の貸本市場は非組合員が主流のアウトサイダー市場だった。

ところが加藤と高野は横浜の貸本組合員だったし、事前に小田原貸本市場設立の話を通していなかったこともあり、それが問題視されてしまった。でも貸本業界も斜陽的状況に置かれていたし、穏便な処置が図られ、二人は設立に協力しただけということで解決の運びになったようです。ただそれ以後、二人は小田原の貸本市場への出入りを自主的に遠慮することになりましたけど。

――それでは結果的に小田原の貸本市場の開設はプラスの方向に働いたことになるわけですね。

高野　そうです。小田原の貸本市場はアウトサイダー市場でしたが、西湘地域の読者に対しては何の支障もなく、十分なメリットがあったと考えています。貸本市場が開設されたことで、貸本流通が活発になり、そのことで活性化した貸本屋から読者により多くの本と雑誌が供給されていったと見ていいでしょう。小田原の中堅以上の貸本屋はこの貸本市場の開設で力をつけ、市内各所に支店を出していった。

それは大体一九六〇年代前半で、加藤の支店開店から貸本市場開設を受けて始まっていることになる。だからそのような動きは加藤の建設的思考と積極的な行動力に影響を受けた結果だと見なすことができる。このことを考えると、西湘地域貸本業界の全盛を語る際に、加藤益雄の名前を外せないでしょう。

――そのかたわらで、西湘地域はふんばっていたようですが、神奈川県全体としては貸本屋が衰退の時期を迎えていたと見ていいんでしょうか。

高野　それは神奈川県だけでなく、戦後の貸本業界自体の衰退が一九六〇年頃から始まっていたと研究者は指摘しています。

――そこら辺の実情はかなり地域差もあると思いますね。私などが貸本屋を体験したのは年齢のこともありますが、六〇年代前半から後半にかけてで、五〇年代との比較はできないにしても、それなりに貸本屋も健在だった。もっとも数が減っていたことを実感としてつかんでいたわけではありませんが。

高野　体験と印象からすれば、そうかもしれませんが、神奈川県内の実情を調べてみますと、それが顕著になってきている。未調査地域があるために正確さに欠けるきらいはあるにしても、次のような転廃業の数字が出てくるからで、これは全国的な傾向を象徴しているのではないか。それを示してみます。

一九五六〜六〇年	五三八店
一九六一〜六五年	四四〇店
一九六六〜七〇年	二四一店
一九七一〜七五年	八五店
一九七六〜八〇年	四九店

33　貸本屋の衰退

――なるほど、この数字を見ると、一九六〇年近くなってからの貸本業界の衰退が歴然ですね。

高野　そうです。一九六〇年を過ぎると、一〇〇店近くが転廃業し、それが半ばまで続き、六〇年代後半にはその半数が同様で、七〇年代以後は少なくなっていますが、これは全体の数が激減したからで、神奈川県の貸本業界そのものが終末期に入った様子が見てとれます。他県の状況を調査していないので断定はできませんが、おそらく全国的にもこのような傾向が現れていたのではないでしょうか。

ただ前述しましたように、神奈川県の場合、横浜とは逆に川崎、横須賀、小田原は貸本屋が一九六〇年代前半に増えていた。小田原に関しては加藤益雄の行動力とその影響を受け、支店を出したこと、貸本市場開設によって力をつけたところがその斜陽化に危機感を抱き、転廃業した店を代替わりしたり、あるいはその付近に支店を開いたりしたことが増加要因だった。だから六〇年代になって全体的には衰退期に入っていたことは確かだとしても、六〇年代前半には各県や地域によって様々な動きがあり、それぞれの特色も打ち出されていたのかもしれません。

—— それはきっとあると思います。私の体験からしても、一九六〇年代前半に農村の雑貨屋や駄菓子屋が時を同じくして貸本を導入したように記憶している。しかもそれらの貸本は新しいものではなく、全部がかなり読まれてきたことがわかるものだった。だから明らかに転廃業した貸本屋の商品がリサイクルされるようなかたちで、雑貨屋や駄菓子屋の貸本に回されてきたように思われるわけです。

でもそのようにして私たちの世代は『街』や『影』などに出会ったことになる。そういう意味において貸本業界が衰退期に入っていたとしても、読者にとってそれはまったく関係ないというか、むしろそのことによって読む機会が与えられたことになる。

高野　それは面白い視点ですね。確かに読者にとっては本やマンガとの出会いが重要であって、貸本業界の衰退が逆に専業でない兼業店のすそ野を拡げ、そのことでこれまで以上に読者にふれる機会を与えたということになりますから。

ただ当時の新聞なども調査したのですが、貸本業界の衰退は社会的にもかなり注目されたようです。ちなみに一九六二年五月一三日の『神奈川新聞』が「貸本屋苦境へ」、同年五月一七日の『読売新聞』が「苦境に立つ貸本屋」と報じていて、貸本業界が急速に衰退し始めていたことがわかります。

小田原の貸本屋の廃業年をたどってみますと、一九六五年まで継続営業していたのは一〇店でした。ところが六五年に幸町のさくら文庫、六七年に大工町の高野文庫、中島の早苗文庫、宮前町の千代田文庫、六九年に国府津の国府津文庫、網一色の吉上貸本店、七〇年に裏町の千代田文庫、七一年に寺町の日の丸文庫、七三年に中島の加藤貸本店と廃業が続き、廃業年の一、二年の誤差はあるにしても、戦後の小田原貸本業界は大体のところ幕を降ろしてしまった。

どの地域もそうでしょうが、小田原貸本業界も戦後の二〇年間にわたって読者に支えられ、営業してきた。ところが一九七六年版『小田原商工名鑑』によれば、貸本屋は本町の西湘図書一店だけになってしまった。

――つまり一九七〇年代半ばで小田原の貸本屋もほぼ退場してしまい、この地域の貸本屋の戦後史も終焉を迎えたことになるのですね。

高野　そういっていいでしょう。寂しいことですが、歴史というものはそういうもので、始めがあれば終わりもあって、貸本屋の戦後史もその体現なのでしょう。

――もっと網を投げかければ、貸本屋の退場後の一九八〇年代以降に商店街で起きた様々な店の消滅こそはものすごい変化で、多くの小さな業種が消えていったことになる。これはまた別の話になってしまいますので、このような各種の事例にはふれませんが。ところでこのような小田原の貸本屋で、その商品内容と商売明細などの資料が残されているケースはあるのですか。

高野　中島の加藤貸本店は貸本も含めてかなり後まで大事に保存されていたらしいのです。もうかなり前ですけど、当時のマンガ少年がそこでめずらしいマンガを数冊買い求めたと聞き、見にいったことがありました。ところが時すでに遅く、店のあった場所は更地になり、駐車場と化していた。もう少し早く気がつけば、貸本蔵書の目録化もでき、営業資料も見ることができたのではないかと思い、本当に残念で仕方がない。

34　貸本屋をめぐるエピソード

――今まで神奈川県の貸本業界のことを色々とうかがってきたわけですけど、その他にも様々なエピソードがあると思いますので、よろしければそこら辺をお聞かせ頂けると有難いのですが。貸本屋は新刊書店とも古本屋ともちがうところもありますし、それこそ日本の戦後の文化形成の一端を担っていたことも間違いないですから。

高野　女性が経営していたというのも貸本屋の特徴じゃないかな。経営というのは大げさだけど、店番もして実際に取り仕切っていたのは大半が女性だったように思うし、実際にうちの母もそういう立場でした。

――そういえば、田舎の雑貨屋や駄菓子屋をやっていたのはほとんどが女性だった。ということはそこでの貸本も女性によって商われていたことになる。

高野　小田原でもご主人が文学者、といっても地方というか町の中の文学者で、詩などを書いていて、奥さんが貸本屋をやっていたところが二店ありましたね。競輪の選手の奥さんの営む店もあった。それらは本格的に店を持つのではなく、玄関のところに本箱を置いて、マンガや小説を置いていたところも多かった。

――でもそれだって、紛れもなく貸本屋ですよね。私が通っていた駄菓子屋の貸本だって、本棚が一本か二本あっただけでしたから。

高野 それに神奈川の貸本組合の資料である会報を見ると、一九五〇年代から六〇年代にかけて市場にきている多くが女性で、夫は別に仕事を持ち、妻が貸本屋を営んでいたというパターンがかなりあったことを示している。

――それらのことを話していくと、非常に想像力をたくましくしてしまう。日本の小さな商店のかたちというものがそうした傾向にあって、亭主はどこかに勤め、妻は店をやっているみたいな形式が多かったんじゃないか。これが戦後的特徴なのかはわかりませんが、少なくとも私が知っている田舎の雑貨屋や駄菓子屋はそうでしたね。

それと松本清張の小説を読んでいると必ず出てくるが、地方の雑貨屋とか荒物屋で、これらが戦前から戦後にかけてのささやかな商品流通のインフラだったとわかる。もちろん正業として儲かっていたかどうかはわかりませんが、ひとつの雑貨屋文化みたいなものが形成されていたんじゃないか。

今でも山の中の町にいっても、必ずそうした雑貨屋みたいな店が残っている。しかし山の中とちがってコンビニが進出している地域ではそれらはことごとく閉店してしまい、その前にこれも必ず煙草と飲料の自動販売機が置かれ、かつての店の痕跡を残している。きっと一時期、これらのすべてに貸本が置かれたとすれば、全国津々浦々に貸本屋三万店というのもリアルな数字だと思えてくる。

35 三万店の貸本屋と仕入れ

高野 さっき都内だけで三千店という数字が挙がりましたが、神奈川県の転廃業の数からいっても、三万店というのはかなり信憑性があるんじゃないでしょうか。

―― それだけ多くのインフラによって貸本マンガが親しまれたわけだから、後のコミックの普及と急成長の大いなるスプリングボードとして貸本屋を位置づけることができるようにも思われます。だからその全貌がわからないのは残念の一言に尽きる。

高野 家業であり、それを手伝い、見ていた私ですらもよく覚えていないのですから。仕入れにしても新刊書店における取次とは異なる問屋があって、それもいくつか利用していた。

――これはまた地域によっても様々なんでしょうけど、高野文庫の場合はどうだったんでしょうか。

高野　うちの場合は東京の神田の特価本問屋から仕入れていました。初期の頃はもっぱらそこでしたが、次第に横浜の貸本問屋から仕入れるようになっていった。東京の特価本問屋は古本屋、貸本屋双方の商品を扱っていて、一度行けば顔を覚えてくれ、屋号と名前をいえば、向こうも覚えてくれる。

――それは現金買いですか。

高野　そう、現金です。

――今は新刊書店の大手チェーンになっている明屋とか文真堂も前身は貸本屋で、明屋の創業者安藤明の伝記にして社史でもある田中治男の『踏んでもけっても』（書店経営研究会）によれば、明屋も神田の特価本問屋を利用していたようです。

高野　当時は東京の特価本問屋が横浜に出張所を出していて、神奈川県内の貸本屋に売りこみをかけていたようですね。ただ私は店番の手伝いはしていたけれど、東京の特価本問屋に一回だけいったことがあるだけで、貸本市場も短い期間でした。だからそれらの名前を覚えていないのが残念なんですが。

――近代文学史でかなり有名な南天堂という書店兼出版社兼レストランがありますが、後に横浜に引越していて、おそらく貸本と特価本絡みの仕事をしていたんじゃないかと推測していますが、こちらのほうも探っていくときりがない。

高野さんの店番の記憶で、印象に残っていることは何でしょうか。

高野 やはりマンガのことですね。マンガだと最低十人貸し出さないと合わない。貸本の見返しのところに業界でいうところのバックペーパーという貸本シールがあって、そこにお客の番号を入れ、日付を書いていく。その紙が大体六センチから七センチぐらいなんですけど、それを裏表使って二十人ほどになる。そうなると償却も終え、これからは利益が出るとわかるわけです。

――梶井純の『戦後の貸本文化』（桜井文庫）の裏表紙がそのバックペーパーを使っていましたね。これは貸本史研究の先駆的一冊ですが、梶井さんはこれを書いた頃、太平出版社に勤めていたと思います。

高野 そうでしたね、それをすっかり忘れていました。

読者が多い本はその紙を何枚も張り替えたりするわけです。三枚目になると五十人以上が借りたことになりますから、そういう本が多いと貸本屋は順風満帆ということになる。ところが人気のない本の場合には二、三人しか読者がつかないことも多々あるので、結局のところ、もとがとれないわけですね。

――貸本料金の変遷というのはどういう段階を経ていったのでしょうか。

高野　最初は五円から始まり、それが十円、十五円、二十円、三十円となっていきました。でも大体三十円でストップですね。それ以後は貸本が衰退期に入り始めたので、三十円が限度だった。単行本が三百円とすると、定価の一割が貸本料金ということになりますから。その頃には新書もたくさん出始めてもいました。

――当然のことながら、それにつれて読者の傾向も変わっていったことになりますか。

高野　大いにありますね。小説でいえば、時代小説、ユーモア小説、スリラー小説などが貸本の全盛を支えたわけですが、カッパノベルスに代表される新書の出現とともに推理小説が圧倒的に増えていった。それから週刊誌やテレビの影響も大きい。特にテレビはただだから、貸本への影響は多大だったと思いますよ。

――貸本屋の読者が目に見えて減っていったということでしょうか。

高野　とりわけ推理小説以前の時代、ユーモア、スリラー物の読者がいなくなってしまった。それは漫画も同様で、週刊漫画誌の『少年マガジン』や『少年サンデー』の創刊と成長も作用していた。だから前にも話しましたが、古本屋に移行する二年間ぐらいに、市場に出したり、店頭で売ったりして処分してしまった。

それこそ今では最低でも二、三千円の値段がつき、万のものもめずらしくない漫画を山のように処分してしまった。これは誰もがいうのですけど、実にもったいないことをしたと。

――本当に今となっては関係者の誰もがそう思っているでしょうね。

36　貸本マンガの復刻

高野　それから私が知りたいのは貸本屋向けの出版社がその後どうなったのかということです。これが私の最大の関心事であり、今回お話したかったことです。当事者でありながらも、貸本屋向け出版社の全貌はつかんでいないし、歴史の中に消え去っていくかのような印象がある。

もちろん様々なコミックの復刻によって判明したこともあるし、貸本マンガの研究も行われるようになり、実際に私と同じ貸本屋の息子である長谷川裕の『貸本屋のぼくはマンガに夢中だった』（草思社）のような回想録も出されてきている。でも貸本出版社の全体像は相変わらず茫洋としている。

―― 確かに出版社に関してはそうですが、復刻のことでいうと、こちらは進化が著しく、色んなことがわかってきている。量的なことも含んで貸本マンガの早いうちの復刻は一九八七年の文芸春秋編『幻の貸本マンガ大全集』（文春文庫）で、さいとうたかをから白土三平まで二十人を収録し、とても懐しい感じは再現されたけれど、文庫判だったので、どうも貸本マンガ独特の臨場感に乏しかった。

例えば、劇画の誕生に大きな影響を与えた松本正彦の「隣室の男」も収録されているが、あまりピンとこない。でも小学館クリエイティブ復刻の菊判『影』で読むと、その方法と構図の斬新性がリアルに伝わってくる。

高野　それにあの復刻はほとんどが大家になっているマンガ家の貸本時代の作品という感じが強く、「俗悪だ、低級だ」とさげすまれた貸本マンガの一部しか伝えていない。もちろんこの文庫による貸本マンガの再発見、再評価の意義は否定しませんが。

――それからこれも小学館クリエイティブの復刻ですが、白土三平の『忍者武芸帳』を見ると、印刷のインクが黒ではなく青なんです。それこそ黒よりも青のほうが印刷費が安いからなのか。とにかく当時とまったく同じに復刻していることになり、色々と考えさせられる。

高野　私もインクの色までは記憶にありませんね。

――復刻といえば、長谷川裕が同書の中で、大学卒業後にある出版社で、つげ義春の「生きていた幽霊」と「四つの犯罪」の復刻に携わったと書いています。これは一九七六年に二見書房から出た『四つの犯罪』をさしているのでしょう。

この前後に各社から文庫判コミックがかなり企画され、二見書房も「サラ文庫・昭和漫画傑作集」を刊行し、やはり貸本時代のつげの『おばけ煙突』、また彼が絶賛していた水木しげるの『河童の三平』もありますから。これらの早くからの貸本復刻企画が文春文庫の『幻の貸本マンガ大全集』としてリバイバルしたのだと思います。だから脈絡なく復刻されたのではなく、それなりに関係者がつながっていたと考えられる。

高野　なるほど、いきなり編集者が懐しく思い、その勢いで復刻となるわけもありませんから、それなりに貸本屋時代の人脈がつながり、復刻に至ったというわけですか。

――そうだと思います。ところで高野さんは長谷川の『貸本屋のぼくはマンガに夢中だった』を読まれて、どんな感じでしたか。

高野 これはいいことか悪いことかわかりませんが、私のほうが五つばかり年長であることを思いしらされます。私のほうは家業の手伝い、仕事という意識が先にあり、彼のようにマンガを読んでいませんし、そこまで夢中になれるというのもひとつの特権ではないでしょうか。それと同時代の同じ貸本屋でも、地域や数年のちがいによって、貸本屋体験にも微妙な差異が生じているようにも感じられた。

37 『全国貸本新聞』の復刻

――地域、年代、世代のどれをとっても、現在よりもちがいが顕著でしたから、なかなか一概に語れないところが、貸本屋や貸本マンガ読者体験も含めての問題なのでしょうが、せっかくの機会ですので、もう少し踏みこんでいきたい。高野さんのいわれた貸本出版社の内実とその後の行方のことは私の関心とも大いに重なりますので。

たまたま一昨（二〇一〇）年不二出版から『全国貸本新聞』が復刻されました。これは全国貸本組合連合会を発行所として、昭和三二（一九五七）年から四八（一九七三）年にかけて第一二三号まで出たもので、これまでの貸本屋や貸本マンガ研究の第一次資料となっていました。

高野　ついに復刻が出ましたね。

――ええ、しかも巻末付録として、あの都崎友雄の『新貸本開業の手引』も収録されている。

高野　父が参考にして貸本屋を始めたのではないかと思うと、出版社や関係者に感謝しなくてはなりません。

――それればかりではありませんよ。高野書店とお父さんのことも二カ所ばかり出てきます。それは昭和三九（一九六四）年第八一号の神奈川県貸本組合の役員選挙開票結果発表のところ、もうひとつは四〇（一九六五）年第九一号同組合員名簿リストに掲載があります。他にも出ているかもしれませんが、これがその部分です。

高野　うちはこの当時、店名を高野文庫から高野書店に変更し、古本と貸本の兼業になっていました。でもこれを見ると、まだ組合員は百人以上いて、組合もそれなりに健在だったとわかる。

――この『全国貸本新聞』の復刻は全二冊で、七百ページを超えています。解説はあの『戦後の貸本文化』の梶井純、回想は大竹文庫と貸本文化研究会の大竹正春、年表は『貸本マンガ史研究』の発行人の三宅秀典とフルキャストです。ただ言及していくときりがありませんから、とりあえずここでは貸本出版社とその周辺のことだけにしぼりたいと考えています。

高野 それがいいと思いますよ。

38 貸本出版社と取次

――『全国貸本新聞』には協讃広告として貸本出版社が多くの広告を出していて、そのうちの昭和三五（一九六〇）年第二九号に、貸本漫画出版社と取次の共同年賀広告があり、この場合だけ社名、代表者、住所の三つが揃って掲載されていますので、まずそれを抽出してみます。

1 東京漫画出版社／矢沢信行

東京都目黒区中目黒

2
若木書房／北村竜一郎
東京都文京区弓町

3
東邦漫画出版社／渡辺邦雄
東京都台東区浅草三筋町

4
曙出版社／土屋弘
東京都千代田区神田三崎町

5
兎月書房／清水袈裟人
東京都千代田区神田三崎町

6
鈴木出版社／鈴木繁
東京都台東区浅草蔵前

7
中村書店／中村正子
東京都台東区浅草橋

8
ひばり書房／安藤雄二
東京都文京区表町

9 きんらん社／田中淑雅
東京都文京区湯島

10 太平洋文庫／水谷文蔵
東京都渋谷区八幡通

11 島村出版社／島村宏
東京都文京区大塚窪町

12 あかしや書房／大畑藤男
東京都北区田端新町

13 エンゼル文庫／松川宏
東京都練馬区春日町

14 金園社／松本春吉
東京都台東区西町

15 セントラル出版社／杉浦善雄
東京都新宿区西五軒町

16 トモブック社／佐藤昂蔵

東京都中央区銀座東

17 日の丸文庫／山田泰之
大阪市南区安堂寺橋通

18 わかば書房／三島源治郎
大阪市浪速区元町

19 東光堂／丸山政枝
大阪市南区西賑町

20 金竜出版社／長岡比呂志
大阪市北区曽根崎新地

21 あずま社／神崎雅亘
大阪市浪速区元町

22 文洋社／西村武夫
大阪市北区曽根崎新地

23 大和書店／柴田光夫
東京都千代田区神田小川町

24 村山書店／村山三治
東京都千代田区神田神保町

25 芳明堂書店／福井数一
東京都千代田区神田神保町

26 魚住書店／魚住源太郎
東京都千代田区神田神保町

27 東京書籍神田営業所
東京都千代田区神田神保町

28 竹内書店／土井勇
東京都千代田区神田神保町

29 上野書籍／児玉寿雄
東京都台東区仲御徒町

30 宏文堂書店／竹田省三
東京都台東区仲御徒町

31 足立文庫／長井勝一

東京都台東区仲御徒町

32 石原書店／石原清太郎

東京都台東区仲御徒町

33 横浜第一書房／末信重明

横浜市南区白金町

34 横浜書籍／今井晴庫

横浜市南区前里町

35 博潮社／吉田栄吉

大阪市南区東賑町

36 金沢書籍共販所／三好常

金沢市東別院西門前

37 東海堂／林武

名古屋市中村区太閤通り

38 三協社／赤尾鉦俊

名古屋市中村区椿町

1から22までは全国漫画出版協会に加盟するマンガ出版社、23から38までが全国出版物卸商協同組合に属する取次ということになっていますが、もちろん出版も兼ねていたはずで、これが昭和三五（一九六〇）年における主だった貸本マンガ出版社と取次のラインナップだと見ていいでしょう。

高野 いや、これは壮観ですし、何とも懐しい出版社名が並んでいる。

―― そうでしょう。『全国貸本新聞』が復刻されたので、このように抽出できましたが、ここまで出版社と経営者が一堂に会している資料はなかったと思います。これらの出版社や取次のうちで、鈴木徹造の『出版人物事典』（出版ニュース社）に立項されているのは、金園社の松本春吉と足立文庫の長井勝一だけで、長井は足立文庫ではなく、青林堂創業者としてのものです。ですからこの一社二人を除いて、貸本マンガ出版社関係は正規の出版史からは無視されているに等しい。

高野 私が父といった神奈川の特価本問屋もこのうちの一店でしょうし、横浜の出張所というのも、この横浜第一書房か横浜書籍だったことになる。

―― つまりこれらを見て思うのは、大手出版社を中心とし、東・日販を始めとする取次によって形成されている新刊書店と異なり、貸本屋はまったく異なる生産、流通インフラによって組み立てられていたことですね。

39 貸本出版社案内

――これらの出版社に関して、『全国貸本新聞』「漫画社訪問記」連載がありますので、それらも要約紹介してみます。

＊東京漫画出版社（1）

昭和二三（一九四八）年創業、処女出版田河水泡『漫画トランク』。伊藤編集長他社員八名、出版点数月十二点、専属作家三十人。滝田ゆう、星城朗二、朝丘マキなどの貸本屋ドル箱作家を擁する。

＊東邦漫画出版社（3）

昭和三三年（一九五八）設立、処女出版堀江卓『つばくろ頭巾』。社員二人、出版点数月八点、執筆陣二十人。編集顧問が高橋真琴、白土三平、斉藤タカオ。社長の渡辺の岳父は取次東江堂の社長で、全国出版物卸協同組合理事長の渡辺勝衛。

＊曙出版社（4）

昭和二二（一九四七）年創業のブームメーカー。処女出版は無名漫画家の捕鯨船をテーマにしたもの。海老原千華代編集長以下社員六名。出版点数月七点。ひもと太郎、徳南晴一郎、川田漫一が中心。社長の土屋弘は印刷業を経て、昭和一五年に出版業に入る。これが土屋書店の前身と推測される。

＊若木書房（2）

昭和二四（一九四九）年創業。処女出版岡田あきら『不思議の国のアリス』。これは『傑作漫画全集』の第一巻で、現在は六百台に至っている。北村二郎以下社員八名、出版点数月九点。将来が期待できる作家はつげ義春で、『生きていた幽霊』や『四つの犯罪』をすでに刊行。見出された作家として渡辺雅子。

＊三洋社

昭和三五（一九六〇）年設立とともに白土三平『忍者武芸帳』を刊行。社長は小出英男、専務は長井勝一で、ともに上野の取次の経営者。長井は以前に日本漫画社として白土の『甲賀武芸帳』などを出版。

＊兎月書房（5）
昭和三二（一九五七）年トモブック社から独立して創立。さいとうたかを『台風五郎』、水木しげる『墓場鬼太郎』、渡辺まさみ『武蔵と影丸』が最近当たり、売れている。執筆陣は二十名で、スリラー、アクション、時代、怪奇、戦記物を毎月六、七点刊行。辰巳ヨシヒロ編集の『摩天楼』創刊。

＊ひばり書房（8）
昭和二二年（一九四七）創立。安藤社長は教育畑出身で、処女出版倉金章介『白雪姫』がベストセラーとなる。社員は森編集長以下七、八人。月刊点数は十点前後、注目の専属新人作家は小島剛夕、今村つとむ、浜慎二、古賀しんさく、大石まどかなど。

＊トップ社
昭和二八（一九五三）年に設立された島村出版社が社名変更したもので、短編集『刑事』と『竜虎』の二本立てに長編を月二冊刊行予定。編集長は熊藤男。後に東京トップ社長となる。

＊すずらん出版

実用書の高橋書店、取次の高和堂の子会社である。社長は高橋休四郎、編集長は島本正靖。百円マンガで有名だが新しい企画として辰巳ヨシヒロを中心とする三人のオムニバス。佐藤まさあき編集による『ボス』刊行。

＊金園社（14）

台東区の取次マツキ書店の子会社で、実用書出版も兼ねる。浦きよみ『すみれ』、岩井しげお『忍者記』といった人気シリーズを出している金竜社も同じマツキ書店の子会社。

＊きんらん社（9）

学参、夏休み宿題帳の梧桐書院の子会社で、田中淑雅が両社の社長を兼ねる。漫画を始めたのは昭和二九（一九五四）年で、近頃のヒットは山根青鬼、赤鬼兄弟などの『日の丸くん』や『台風ぼうや』など。

これらが『全国貸本新聞』掲載の年賀広告とそれに続く「漫画社訪問記」から抽出したものです。言及できたのは三分の一にも充たないので、高野さんのほうからもフォローして頂けませんか。

高野　私もそんなに詳しいわけではないけれども、知っていること、調べてわかったことを付け加えておきます。

＊竹内書店（28）
大阪の貸本取次の最大手で、竹内吉次によって、昭和二五（一九五〇）年に松屋町に創業。ネオ書房系列の貸本店が急増するに従い、昭和二八（一九五三）年に神保町にも支店を出した。それが竹内書店で、後に竹内書房。長谷川裕のゆたか書房の仕入れ先。

＊太平洋文庫（10）
Ｂ６判丸背一二八頁、定価一三〇円形式は太平洋文庫から始まったとされ、『漫画全集』に代表される戦後の貸本マンガ出版の大手の一社。

＊鈴木出版社（6）
Ａ５判の『手塚治虫漫画選集』全30巻を貸本屋向けに企画刊行。

＊東光堂（19）
手塚治虫の初期の『一千年后の世界』や『平原太平記』、横山光輝のデビュー作

『音無しの剣』を刊行した大阪の出版社。

＊中村書店（7）

戦前に大城のぼる、謝花凡太郎などの「ナカムラマンガシリーズ」を刊行した先駆的マンガ出版社。昭和八（一九三三）年頃に創業し、昭和三〇（一九五五）年に創業者の長男が事故死し、倒産とされているが、昭和三四（一九五九）年に『全国貸本新聞』に百点以上を収録した「中村漫画目録」の半ページ広告を掲載している。翌年の中村政枝の名前で出された新年広告といい、彼女は長男の未亡人で、まだ中村書店が存続していたことを伝えています。

＊足立文庫（31）

長井勝一が日本漫画社を経営するかたわらで営んでいた特価本と貸本の取次で、長井の『「ガロ」編集長』（ちくま文庫）に足立文庫による貸本屋招待旅行の写真があります。

＊セントラル出版社（15）

名古屋の取次東海図書がマンガ出版のために設立したもので、久呂田まさみの企画編集で『街』を刊行。東海図書の社長は立石栄吉、『街』の復刻奥付によれば、セントラル文庫編集、編集所は名古屋の中部出版社、編者市橋皓三、発行者大海新一、セントラル出版社の住所は神田神保町となっています。

＊日の丸文庫（17）

『影』を刊行した八興＝日の丸文庫が倒産し、光伸書房を経て、日の丸文庫へと社名を変えていったと思われます。復刻した『影』は九千部を売り、時代物『魔像』も順調で、負債を完済。ここから辰巳ヨシヒロ、さいとうたかを、佐藤まさあき、水島新司、山上たつひこなどがデビューしました。

これらの物語は松本正彦の『劇画バカたち!!』や辰巳ヨシヒロの『劇画漂流』（いずれも青林工芸舎）に詳しく描かれています。

＊魚住書店（26）

取次の多くは消えていますが、魚住書店は特価本取次として健在で、今でも営業しています。

この他の出版社は『貸本マンガRETURNS』所収の「主要マンガ出版社リスト」を参照してほしいと思います。ただいずれにしても、各社が資料を残しているわけではないし、それらの発掘も難しいので、正確なレポートは難しい。

――でもこのようにたどってきて、ようやくおぼろげながらも、貸本出版社の見取図が浮かんでくるような気がします。

高野 その意味において、『全国貸本新聞』の復刻はとても貴重だとわかる。「訪問記」に見られるように出版社の大半が戦後の一九四〇年代から五〇年代前半にかけての創業で、貸本業界の立ち上がりとともに成長し、戦後の混乱期が終わり、社会が成長安定していく六〇年代に入って、貸本屋の衰退とともに退場していくドラマを、この復刻の中にうかがうことができる。

40 貸本屋の読者層の厚さ

――でもあらためて貸本採算回転率の話をうかがい、『影』が百号を超え、『街』が五十号近く出され、それらが全盛期には八千から九千部刊行されていたことを知りますと、貸本屋の読者層の厚さに驚きも覚える。

高野 そういうことです。『影』のような短編集は少なくとも三〇人がコンスタントに借りていますので、一冊だけで三〇万人近い読者がいたことになり、それに類する短編集も続々出されていた。だからそれらだけで、ものすごい読者数がいた。これに何万点も出された単行本マンガも加えれば、とんでもなく膨大な読者を数えることになる。

―― しかもそのインフラたる貸本屋が全国で三万店に及んだとされますから、小さいながらも新刊書店の倍はあった。これらのことをたどってきて、思いますのは表側の本の世界が出版社・取次・書店という正規の出版流通システムで支えられていたことに対して、それと異なる貸本出版社・貸本、特価本取次・貸本屋がパラレルワールドのように存在していたことです。

高野 その貸本屋の歴史は目録に掲載した資料からもわかるように、江戸時代から始まり、明治期の書店も貸本屋を兼ねていたこと、それから社会、文化運動の流れに連なる巡回文庫や読書クラブ、読書会などの試みも導入され、戦後を待ってネオ書房のような新刊貸本屋の出現を見るに至ったのでしょうね。

―― そういえば、伝説とも見なされていますが、ネオ書房の模範になったとされる昭和二三(一九四八)年に発足した神戸のろまん文庫の経営者は『暮しの手帖』の花森安治の弟である花森松三郎でしたから、彼もそのような流れの中に位置づけられる。

高野　徳山の松村久のマツノ読書会から貸本屋のマツノ書店への軌跡もそのような流れに挙げられると思いますよ。

41　貸本出版社と実用書出版社

――『忍者武芸帳』を出した三洋社のところで、小出英男と長井勝一の二人の名前を出しましたが、もう一人スポンサーがいて、それは日本文芸社の夜久勉です。彼は戦後に姫路駅前で、取次も兼ねた新興書房を営み、一九四八年に神保町にその支店である特価本を含んだ取次を設立し、また日本文芸社として出版にも参入していく。だからそうした貸本業界の動きにも精通していた。

高野　後に日本文芸社が『漫画ゴラク』を創刊し、『ザ・シェフ』などのベストセラーを生み、後につげ義春などをメインとするコミック誌『COMIC ばく』を出し、『平田弘史選集』などを刊行していくのも、そのようなDNAに基づいていた。

――そう考えていいでしょうね。そればかりでなく、東京の貸本マンガ出版社の大半が所謂実用出版社や特価本取次の子会社、関連会社だった事実も「訪問記」などで明らかです。曙出版と土屋書店、三洋社と日本文芸社、足立文庫、金園社、金竜社とマッキ書店、すずらん出版と高橋書店、高和堂、東邦漫画出版社と東江堂、きんらん社と梧桐書院などの関係に加え、資金的なことも含めれば、インディーズ系はほとんどなかったのではないでしょうか。

高野 あれだけ売れていた時もあったし、それこそ内部留保もできたはずなのに、一九六〇年代の貸本マンガ末期に入ると、ひばり書房、若木書房、東京漫画出版社、曙出版、トップ社の五社しか残っていなかったといわれている。その原因は何だったのかということになりますが。

―― 結局のところ、貸本マンガ出版も新刊をメインとする小出版社活動に他ならないからではないか。つまり雑誌のように広告収入はない。しかも売り切り生産で新刊依存度が高いのだから、重版比率を高め、それによって利益を上げ、経営を安定させる路線の選択はない。そのために自転車操業的新刊生産ペースを落とすことができず、貸本市場が成長している間はそれでもいいが、衰退し始めるとたちまち資金繰りに行き詰まってしまう。これが本当のところじゃないでしょうか。

高野 なるほど、そういうことだったのですか。確かにそれはよくわかります。衰退期に入って貸本屋の数が急激に減っていけば、新刊マンガの仕入れ部数はひたすら右肩下がりになっていくしかない。

その衰退の原因のひとつに貸本マンガが槍玉に挙げられた悪書追放運動もあるでしょうね。

――それは大いにあるし、出版業界も俗悪なマンガに代表される貸本屋を蔑視し、中央公論社などは「貸本屋を相手にして出版するほど落ちぶれていない」と公言していた。大手出版社が貸本屋に向ける視線は中央公論社と似たようなものだと考えられますから。その視線は貸本出版社に対しても同様で、それは出版社としても下部に位置づけられる実用書系版元の子会社、関連会社ということも作用していたと思います。

高野　貸本屋の手伝いをしていた頃はまだ事情もよく知らなかったけれど、梶井純の『戦後の貸本文化』の中に、一九五五年の悪書追放運動で検挙された取次名が挙がっていました。確認してみると、それらは宏文堂、足立文庫、小出書店、石原書店、東京書籍、マツキ書店、高和堂などで、これらは『全国貸本新聞』の年賀広告に出ていた貸本マンガの取次でもあった。これらを含めて検挙された三〇店以上に及ぶ取次はエロ・グロ特価本を扱っていたことによることからすれば、貸本マンガもまた同列に見られていたんでしょうね。

――それは間違いないでしょう。大手取次の名前は挙がっていないから、これらの小取次だけが狙い撃ちされたと考えるしかないし、それ以後も『全国貸本新聞』には悪書追放運動との関係記事が継続して掲載されている。だからそのような中で貸本屋は営まれていた。

42 貸本マンガ家と出版社

高野 しかし貸本業界の衰退とともにそうした出版社も取次も退場していかざるをえなかった。その代わりに貸本マンガ家自身が出版社を立ち上げ、大手出版社のコミック出版へのブリッジのような役割も果たすようにもなる。

――『全国貸本新聞』も後半になと、そのような広告が増えてきます。さいとうたかをとさいとうプロ(後のリイド社)、佐藤まさあきと佐藤プロ、横山まさみちと横山プロ、辰巳ヨシヒロと第一プロ(後のヒロ書房)などで、長井勝一と青林堂、桜井昌一と東考社も続いていきますが、この頃にはもはや『全国貸本新聞』の廃刊が近づいていて、昭和四八

（一九七三）年一月の一二三号で終わってしまう。

高野　高野文庫の貸本業は昭和四二（一九六七）年頃に自然消滅していますから、それ以後も六年間にわたってよく続いたと思いますね。

――『全国貸本新聞』の復刻を主たる手がかりにして、実際に貸本屋の現場におられた高野さんの証言も得て、戦後の貸本業界とマンガについて、アウトラインだけでも引けたのではないかと考えています。さらに踏みこむならば、貸本出版社と取次に関しては『全国出版物卸商業協同組合三十年の歩み』（一九八一年）にもふれなければならないのですが、八木書店の八木壮一さんにインタビューすることになっていますので、そちらに機会を譲ることにしました。

43　貸本小説と出版社

高野　そのほうがいいでしょう。八木さんはそれらの中心にいたわけだから、私などよりもはるかに詳しいし、貸本業界事情にも通じていると思いますから。

ただ心残りはあまり知らないこともあって、貸本小説とそれらの出版社に関してふれられなかったことですね。

――すいません。私としてもそれが気になっていたのですが、スペースの関係で言及できなくなってしまいました。

そこで一言弁解しますと、『全国貸本新聞』の広告などの扱いにしても、マンガに比べて貸本小説は少し影が薄く、貸本はマンガが主で、小説が従といった印象は拭えない。それに私にしても、貸本屋でも漫画体験はあっても小説を読んだことはほとんどないことも作用しているのでしょう。

高野　それは貸本屋をどのような年令で体験したかにかかっていますし、小学校前でのチラシ広告配りではないけれど、客として想定されたのは子どもだったことも事実ですから、貸本屋のメイン商品はマンガで、小説がサブだったことは間違いありませんよ。それはほとんどの地域でそうだったでしょう。

――それでも賛助広告を出しているそれらの出版社名だけでも次に挙げておきます。大和出版、東京文芸社、優文社、同光社、和同出版社、大衆書房、白峰社、文祥社、東方社、雄文社、明文社、連合出版社、同人社、桃源社、光風社、宝文館などで、これらは単行本の他に多くの読切雑誌を出していたはずで、貸本関係はマンガ出版社と同様だったと考えられる。

それから竹内書店（書房）の土井勇が貸本屋向けの出版を目的として青樹社を立ち上げていて、ここから多く作家たちが小説を刊行し、森村誠一や藤沢周平も実質的にデビューしていますから、出版史的にもとても興味深いわけです。いってみれば、コミックと同様に大衆文学もまた貸本業界が揺籃の地であったとも考えられる。

高野　それはある程度間違いないでしょうし、末永昭二の『貸本小説』（アスペクト）や「貸本小説研究のために」（『日本出版資料』6所収、日本エディタースクール出版部）にも示されています。これらの貸本小説については私もこれからの課題にしようと思っています。

ただ最後に悪書追放運動に関連したことですが、小学六年生の時、一九五六、七年でしょうか、担任の先生が教室で貸本屋にはいかないようにと話したことに対して、子ども心ながら何でいけないのかと憤慨したことを思い出しました。それからしばらくして新聞で貸本屋が悪の巣窟のように叩かれたことで、初めて大変なことが起きているのだと感じましたね。

――やっぱりそうでしたか。当時者の記憶であり、貴重な証言です。それに貸本小説については私も同感です。

思いがけずに貸本屋のことが長くなってしまい、タイトルの『貸本屋、古本屋、高野書店』のうちの「貸本屋」に半分以上を費してしまいました。

それでは貸本屋高野文庫が古本屋高野書店へと移行していった時代に入ります。

第Ⅲ部

44　古本屋高野書店

高野　貸本屋としての高野文庫が衰退していく過程で、古本や特価本販売の比重が高くなっていった。それと並行するように横浜の貸本組合を退会し、一九六二年五月に神奈川古書組合に加入し、店名を高野書店へと変更し、前にもいいましたが、貸本は徐々に縮小し、六七年に廃業というよりも自然消滅というかたちになった。

――ということは高野さんの場合、二十歳ぐらいに古本屋の道を歩み出したのですか。

高野　大体そこら辺ですね。私は小学校時代から車狂いというか、自動車の排気ガスや機械油の匂いが大好きで、それらをかいだだけで五感が刺激され、鳥肌が立つほどだった。それで、十六、七歳頃に大型トレーラーに乗って全国を走り回り、難所の峠なども荷物を満載して登ったりし、また故障も自分で直すことを夢にしていた。要するに機械いじりが根っから好きで、古本屋のことなどは眼中になかった。

――そのような車と機械フリークの高野さんがどうして古本屋になったのか。

高野　父も古本屋の道を選択したけれど、まったく素人だったから手伝ってほしかったのでしょう。それで諭されたというか。それが運命の分かれ道であったことに加え、ある時店に置いてあった暦を見たら、生まれ年からして本屋商売に向いていると書かれていた。それでずるずるとこの世界に入ってしまったことになる。

――それでは車のほうは卒業したのですか。

高野　いや、それはできずに、古本屋をやりながら自動車の遠乗りを繰り返し、家族も連れて走り回り、タクシー並みに三年間で十二万キロ走行したこともありました。

――でもその機動力というか行動力が様々な資料発掘に結びついていったと推測されますが。

高野　そうならいいのですが、私の血を引き継いだのか、長男は自転車ロードレースの国体競技で決勝まで進出、二男も初めてのロードレースでいきなり優勝し、二人とも自転車競技の本場フランスにも留学しています。長女は卓球で関東近県大会にもよく出場し、また父も学生の頃は三段跳びの選手で、県大会でメダルをとっている。そんなわけで、数を確かめたことはありませんが、家にある家族全員のトロフィー、メダル、賞状はかなりの数になるでしょう。

――スポーツ一家でもあるのですね。

高野　そういうことになりますか。孫も同じような道へと進んでいますから。

――でもそのようなまったく異なる関心の分野から古本屋へと向かったのは正解だったんじゃないでしょうか。手垢にまみれてとはいいませんが、逆につまらない先入観に染まっているよりも、かえっていいような気がします。

45　古本屋の成長と衰退

高野　それはどうでしょうね。確かに私のようなタイプの古本屋は少ないと思いますが……。でもそのようなまっさらの感じで、建場に通い始めたことは事実ですね。まだ専門分野を持っていなかったこともあり、確かに変な先入観を抜きにして、市場と読者の需要に応じ、仕入れることを身に着けていった。

それと時代の要請も作用している。はっきりいって貸本は衰退期に入っていましたから、いくら仕入れに工夫をこらしても、まず伸びていくことはありえない。ところが当時の古本屋の場合、逆に様々な需要が出てきて、貸本屋とは逆に成長のコースをたどっているように映ったし、実際にそうだった。

――その時代の要請のことですが、先日送られてきた古書目録に、三十年以上続けてきた店を閉め、目録とインターネット通販専門店になると記され、次のようなことが述べられていました。

「古本屋を始めた一九七〇年代はまだのんびりしていて、修行の経験もなく、ただ好きで始めた素人が食べていけた。その頃は二百円のマンガ本が売上の中心で、それにエロ本もよく売れ、開店後四年で二店の支店を出せるほどだった。しかし十年ほど前から客が減り、店売が極端に悪くなり、無店舗通販に移行することにしたと。倉庫を兼ねた事務所と別にふたつの倉庫を持ち、在庫は四万点で、これを五万点に上げつつ質もよくするのが当面の目標だ」とありました。

高野　それは身につまされる話です。でもそのような状況はこの古本屋だけのことではなく、私たちのすべてに当てはまる事態となっている。

コミック、文庫はブックオフに奪われ、エロ本はアダルトＤＶＤなどにとって代わられ、こちらは中古の専門店まで出てきている。エロ本を扱う特価本取次にしても、もはや紙類は商売にならないという声も聞こえてきています。つまり町の古本屋のベースにして隙間商品であったそれらが売れなくなってしまった。

それからパソコン、ネットの普及で、百科事典類の需要がまったくなくなり、それと平行して専門的な辞典類、定番であった近代文学関連の研究書なども市場での取引価格も値下がりし、大半の分野で古書の需要が落ち込んでしまった。だから正直なところ、東日本大震災と原発事故に加え、古本屋は何を売ったらよいのかわからず、リーマンショック以後の社会全般の不況と変動に翻弄されているといっていいでしょう。とりわけそれが地方の古本屋に顕著です。だからこの古本屋の例は決して特殊ではなく、全国共通の現象だと思います。


――そのような古本屋の危機は出版業界の危機をそのまま反映している構造的なものだと考えていい。これは私が『出版状況クロニクル』でずっといい続けてきたことですが、出版業界の売上は一九九六年の二兆七〇〇〇億円をピークにして、二〇一一年には一兆八〇〇〇億円と激減している。しかもこれは日本だけで起きている特異な出版危機であるわけです。それがそのまま古書業界にも及んでいるというのが私の見解です。

でもここはその問題にふれる場ではないので、話を元に戻し、高野さんが古本屋としてスタートした頃の話をお聞かせ下さい。前に少し建場の話をされていましたが。そこら辺からお願いします。

46　古本屋としてのスタート

高野　古本屋になったとはいえ、まったく右も左もわからず、まず同業者に教えられ、建場にいくことから始めました。

――チリ紙交換による雑誌、書籍、印刷物などが建場《たてば》に集まり、その中から再利用できるものを仕分けし、古書市場へと出荷するシステムはまだ十分に機能していたわけですか。

高野　当時は建場と古本屋は切っても切れない関係で、それはこの「出版人に聞く」シリーズで古書ふみくらの佐藤さんも話していましたし、ちくま文庫の伊藤昭久さんの『チリ交列伝』にも書かれているとおりです。

――それこそ『チリ交列伝』の元版も論創社から出たものです。

高野　確かにそうでしたね。昔のことはわかりませんが、当時の古本屋はほとんどが建場に通っていました。そのひとつの理由として、古本市場が成長していたから、様々な読者の需要が伝わってきた。こういう品物が売れる、こういう品物は市場に出せば売れるというように、目玉商品も増え、分野が広がってきたからです。

つまりそうした需要を知るようになれば、建場に集まった古本も古雑誌も、それなりに仕分けし、よい品物だけでもまとめると、古書市場でもかなりの値がつくとわかってくる。

――目利きになってくるわけですね。

高野 ところがそれらは待ちの姿勢の店頭買いでは仕入れられないので、まずは建場にいくことになる。それで仕入れた古本や古雑誌を古書市場に出すと、予想外の値がついたりして、建場通いも本格的になった。西湘地域の建場はもちろんのこと、静岡県の熱海、伊東、下田、吉原などへも範囲を広げた。そして仕入れた中でも古書価が高くつくようなものは神奈川古書組合に出品するようにして、建場ルートによって売上も安定し始めた。

――今でも時々はいかれるのですか。

高野 いや、それは途中で止めてしまった。もちろん今でも同じように建場に通っている人たちもいますけど。

――それはどのような事情からですか。

高野　古本屋として成長していくと、否応なく専門店化とまではいかなくても、専門分野を持つようになるし、またそうなっていかないと古本屋としての特色や面白味を出せない。

ところが建場ではそれらを仕入れることはまずできない。そうした需要と供給を建場は満たしてくれない。

――それはブックオフで専門書を探すような感じなのかな。

高野　そういっていいでしょうね。見つかれば安いけど、ほとんど見つからない。だから結局のところ、東京の古書市場まで出かけ、仕入れてこないと供給に間に合わないという状況になっていくわけです。

――確かに目録に掲載できる品物が建場から出てくることはありませんから。建場というイレギュラーな仕入れから古書市場という正常ルートに移ったということですか。

47　建場の変化

高野　ええ、それが古本屋としては本来の姿なんでしょうけどね。

それから建場《たてば》そのものが変わってしまったこともあります。数も減りましたし、以前にはたくさんいたチリ交の人たちもほとんどいなくなってしまった。そして残った建場は大型化し、大きな集荷場になっていて、そこにかつての問屋が何十店も入っているかたちです。それに集積所も機械化され、ベルトコンベアで処理され、古紙も一メートル四方の塊になって出てくる。昔みたいにひもで縛って、どうのこうのという段階をはるかに超えてしまっている。

―― 建場そのものがいつの間にか近代化してしまったということですね。

高野 そうです。我々よりもはるかに近代化してしまった。こちらの神奈川古書組合が完全OA化したのはつい最近のことですから立ち遅れているなんて段階どころではない。

―― ということは、かつてどの地方でもそのような建場と密接に結びついていた古本屋があったはずですが、そちらも変化せざるをえない状況に追いやられているんでしょうね。古書目録にあったネット書店への移行ではないけれど、そのような古本屋にいこうとしたら移転したらしいので、電話をしたら、ネット専門店になったとの返事が戻ってきました。それで不便な場所に移転した事情がわかった。

高野 そういう店が年々増えているのが実情で、二〇一一年に出た日本古書通信社編

『古本屋名簿』掲載の店もネット書店割合が多くなっているようです。

――それでも建場とも長い間のつき合いでしたから、貴重な資料を見出したこともあったと思いますが。

高野　父から聞いたことがありましたが、最初の頃、遊郭の身請け証文が大量に出たことがあったようです。でも当時は古書にもそのような資料にも、まったく無知に等しかったために見過ごしてしまったらしい。

――それではひょっとするとつぶされてしまったのかもしれない。

高野　それも大いに考えられ、今でも残念な気がします。

私の場合はやっぱり若い頃でしたけど、他県の集荷場で、富士山測候所の資料を見つけたことがあります。これは貴重な資料でしたね。

――高野さんの身軽な機動力が発揮された成果ということになる。色んな建場を回り、顔馴染みになっていたから、そういった資料も入手できたのではないかと思いますが。

高野　そこら辺の呼吸は難しいところがある。分けてもらうという姿勢が大切ですから。

それからみすず書房の『現代史資料』のゾルゲ事件に関する警察の㊙資料が古本屋に積んであったという有名な話がありますが、こちらも建場から出た可能性があるのかも知れませんが、推測は推測にすぎません。

佐藤さんも自衛隊資料のことを語っていましたが、我々の業界では入手先の建場を公表できないし、そういう話はいっぱいある。やっぱり相手の事情というものがあるし、秘密にしておくことがいいと判断できますから。

―― 建場のことはそのぐらいにしまして、やはり最初は近代文学関係にも手を染められたとお聞きしていますが。

48　近代文学と三島本

高野　一時は三島由紀夫本を集め、かなり持っていました。そのきっかけはまだ三島本がブームになる前に、横浜の古書市場で彼の『花ざかりの森』の初版カバーつき美本を見つけたことです。同業者の間でも、その時には注目する時期に至っていなかったので、安く入手でき、それを九万円で店に出したところ、近代文学専門の同業者がすぐに買いにきたことがありました。

それですっかり三島本にはまり、それらを収集すると同時に、近代文学関係に注目するようになった。

―― 私はその分野に門外漢なのですが、一九六〇年代に近代文学ブームが起きていて、初版本などが値上がりし、また作家の豪華本や限定版も盛んに出され、高定価ではあっても数百部は売れるという出版状況だったようですね。

高野 これは古本コレクターが近代文学の初版本を集めたりすることから始めるように、古本屋にとっても近代文学関連のことはわかりやすいし、身近だし、また客層も必ずいるということもあって、私もそれから始めたといっていい。また建場《たてば》で近代詩集二百冊ほどを見つけたことも、そのきっかけになりました。

―― 建場に詩集が大量に出ることなんかがまだあったのですね。

高野 その中には高い古書価をつけられるものも混じっていました。それらのことも重なり、近代文学書にさらに取り組もうと思っていると、多くの同業者がこの分野に手を出し始め、三島本ブームに代表されるようなバブル的な感じになってきた。それで見切りをつけ、三島本などはすべて古書市場に出して売却してしまった。それからしばらくして古書価は大暴落しました。でも決断が早かったので、欠損をこうむることはなかった。これが教訓となって、みんなが参入がしやすく、多くが手がけるものではなく、自分だけの得意な分野を持つべきだし、勉強もすべきだと実感した。

49 郷土史資料の需要

――そのあたりから高野さんはお父さんとも異なる本格的な古本屋の道を歩み始めたのですね。

高野 その転機は『神奈川県史』の発行に始まる県下の各市町村史の編纂と刊行でした。これで郷土史資料の受容が飛躍的に増加し、古書業界にも大きな恩恵をもたらした。それで私もそちらの分野を専門にしようと考えた。

――このような県史、及び市町村史の刊行は神奈川県に限られたことではなく、全国的な現象で、これらの出版による郷土資料の発掘と各地の古本屋が果たした役割はとても大きいし、地場の古本屋の存在理由がフルに発揮されたと見ていいのでしょうね。

高野 それは各地方の古本屋抜きでは成立しなかったと思いますよ。

――しかし近代文学書とはアイテムがちがう郷土史資料を扱うことは最初大変だったんじゃないでしょうか。それこそ勉強しなければならなかったでしょうから。

高野　まさにそうです。それまで読んだものはといえば、貸本マンガの延長でマンガばかりでしたので、相当苦労しました。まず資料に通じなければと思い、それまでに刊行されていた県内の郷土史誌類をがむしゃらに読んでいったわけです。それも教養過程というものがなく、いきなりだったから、堅い本を読むと頭が痛くなるという言葉を、実感として受け止めました。

――でもやはりそこら辺が世代の分かれ目だったのかもしれない。私の親しい浜松の時代舎にしても、古書ふみくらの佐藤さんにしても、郷土史資料をどのように扱うかが店のターニングポイントだったと思いますから。

高野　自分でも否応なしにやらなければいけなかったという気持ちがある。郷土史資料の需要が高まり、それをやらないと商売にならないという状況も追い風となっている。だからそのおかげでこちらも動き、こうしてまだ営業できているし、そのことに本当に感謝している。そういう勉強ができた環境にめぐり合ったこと、これが一番の恩恵でしたね。それに加えて若かったこともあり、ちょうど国鉄のディスカバー・ジャパンの宣伝がなされていた時代だったことも思い出します。

――若い頃といえば、『神奈川古書組合三十五年史』の口絵写真の一枚に高野さんが映っている。並んでいる十数人の中でも最も若いんじゃないかな。

高野　あの頃は本当に若い者は私の他に二、三人いるだけでしたから。でも当時は何となく古本屋、町の古本屋という感じで、所謂古書店ではなかった。その頃の思い出というのは少なくて、やはりのらくらしていた証拠でしょうね。建場に通って、市場に出し、コミック、文庫、雑誌、特価本、ビニ本を売る。そんな環境の中で十年ぐらいを過ごしていたからです。

50　郷土史資料との出会い

――やっぱり郷土史資料との出会いが決定的だった。

高野　それは最初にかじった近代文学関連とは比較にならないほどでした。個人客を対象とする近代文学書と異なり、郷土史資料は官公庁の需要が幅広くありましたから。先程もいいましたが、古書業界はこれですごく潤ったことは間違いない。

――どんな感じの需要だったんでしょうか。

高野　県史から始まって市町村史の編纂が大小を問わない自治体で行なわれるようになった。そのために予算もかなり計上され、必要な史資料のためにはお金に糸目をつけない時代が招来された。

――高野さんにとっても、すばらしい時代の到来と願ってもない勉強の機会がやってきた。

高野　とにかくがむしゃらに読みました。それから官公庁、郷土史研究者、それらに関係する客層が架蔵したり、持っていたりする資料の調査に励んだ。そうしているうちに、どこにあの資料があり、この資料がないということが頭に入ってくる。

そうした知識と情報は私が先行していたので、市場に出た時にすぐに需要がなくても、絶えずある程度の価格であっても買っておく。それと平行するように、各市町村誌まで編纂が広がっていきましたから、さらに郷土史資料収集の範囲も広がり、それらを求めて奔走するようになっていったわけです。

もちろん入手したすべてが売れたということはありませんし、高値で仕入れても買い手がつかない資料も多々ある。そうなると稀少でもただの紙の束で、仕入れの半値以下にしても売れず、最後にゴミになってしまった資料もあり、欠損も生じてしまった。

―― それは仕方がないことですよ、問題はその歩留まりでしょうから。そこでお聞きしますが、郷土史資料の年代というのはどうなんでしょうか。古代史、中世史、近世史、近代史と、これも色々ありますし、資料発見といっても、分野によっては集まるもの、出てくるものには限りがあると思いますが。

高野 やっぱり近世史ですね。神奈川県も地方ですから、所謂地方文書が出てくることが圧倒的に多い。それにそうした資料事情もあって、研究者も近世史をやっている方が同じように多かった。だからその需要がはっきり古書業界に対しても反映されていた。もちろん古代や中世の研究者もおられるわけですが。

それから当時の住宅事情もありました。ものすごく変わり始めていて、多くの旧家も古い家や長屋や倉だったところを壊し、新築する時代に入っていた。それでその中に入っていた古いものが家財道具と一緒に在庫整理で放出された。いや、捨てられたという感じでもあった。その捨てられたものが我々の業界にぽろっと入ってくるということもありました。

―― よく考えたら、あの時代が日本の社会の変わり目でしたね。日本全体が消費社会へと離陸していって、古い社会の名残りを示すものが次々と消えていった。その象徴的なものが古い家であり、その中にある古い家財道具などだった。

高野 そこに骨董屋や道具屋たちが集中的に買い出しにいくわけですよ。その話が我々のほうにも流れてくる。骨董屋や道具屋にとって古文書や古書はほとんど眼中にない。ところが我々がいけば、それらを彼らよりも高く買い入れる。それで売る側にも格好がつくので、我々にも声がかかる。そんな事情で余計に郷土史資料が集まってきたということもありますね。それにその中には必ず面白いものが見つかったりする。

厚木のある旧家で、相模川の帆掛け船の資料や元禄時代からの関所の資料が出てきたりして、それらをまとめて買ったことがあります。

―― それらのめずらしいまとまった資料は、やはり官公庁に納めることになるわけですか。

高野 これらの資料はどうしても一括して売りたい。そうすると値段も張りますから、個人の研究者というわけにはいかず、官公庁に買ってもらうことになってしまう。

でも今はそういう資料がもうほとんど出てこなくなってしまった。だからこの時代が高野書店の好景気にして一番の転換期でもあり、あのような時代は二度と出現しないでしょうね。

――もはやそうしたものを保存しておく余分な建物も場所も消えてしまいましたし、捨てる技術をいかにして身につけるかがひとつの時代のトレンドですから、本当に再現できないでしょうね。

ところでその時期には古文書まで読む勉強もされたようですが。

高野 我流ですけど、勉強しましたね。研究者に聞いたりして教えてもらい、勉強会にも通い、途中で投げたりもしましたが、図書館の古文書解読会にも参加したことがあります。でもまだわからないことだらけで、一生勉強を続けるしかないと今でも思っています。

51 神奈川県の郷土史資料

――少し立ち入った質問になりますが、新たに発見された資料の値段はどのように決めるのですか。

高野 神奈川の場合、郷土史資料に関する私の強敵はあと二、三人なんですよ。どちらかといえば、この二、三人は買わなくても、うちが買ってきたという実績はあるでしょうね。

――ということは入札ということですか。

高野　そうです、ほとんどは入札です。ほしいものに関しては他の人たちが十万円入れるところを、うちは二十万円入れてしまうわけです。

それはすでにお話ししましたように、それらの資料や古文書を見た時点で、こちらにはあるが、あちらは持っていないとすぐに仕分け、納入先、買い手の顔が浮かび、この値段であってもかまわないという判断ができるわけです。この手のものは絶対に売れると思って札を入れ、それが確実に売れていく。そうでないと高値の入札には加われませんよ。

――でもそれだって一朝一夕にできるはずではないので、そこに高野さんの勉強のすごさがうかがえる。

高野　そうですね。だからいってみれば、そこのところはやっぱり勉強した者の勝ちでしょうね。

――高野書店のその手の資料の客層の占める個人と官公庁の割合はどうなんですか。

高野　多いのは圧倒的に個人です。図書館、資料館などは一括購入の高額資料を買ってくれますけど、全体から見れば、一般の読者と研究者によって支えられてきた。そういう多様な個人の客層があるからこそ、様々な仕入れができ、色々なものを提供できたということですね。

例えば神奈川県の図書館にしても、コンスタントに買ってくれるところが多くあるわけではないし、何館かに限定されている。それらだけを念頭に置いていたら、目の前に色々と出てきても、そんなに資料は買えなかったでしょう。やはり一般の読者と研究者がたくさんいたからこそ、仕入れられたし、仕入れ続けることができたことは間違いない。

―― 唐突な例を出して恐縮ですが、神奈川大学に網野善彦がいたことはそのような郷土史資料の動きに関係はありましたか。彼は『古文書返却の旅』（中公新書）なども著し、新しい日本史学のスターでもあったから、こういう人物が神奈川県にいたことが郷土史研究や資料に対しての影響を及ぼしていたのでしょうか。

高野 あまり関係ないと思います。

これはうちの場合の特色なのかもしれないのですが、大学に籍を置く研究者も確かにいました。でもどちらかといえば公共図書館を利用する在野の研究者のほうが多く、しかもその研究者もある分野においては深く突っ込んでいる人たちだった。例えば橋の歴史的研究をしている方の場合、橋なら橋でその構造についての資料、それから美観についての資料といったふうに、色々と分けて細かい指定がある。そういうことを把握していないと、仕入れもできない。だから私にしてみれば、それらの研究者の方々の個別的な需要というかニーズが頭に入り、仕分けできていないと、資料を市場で買えないわけですよ。

だからそういった多様な顧客層と資料のバランスを選別することに四苦八苦しました。それでないと商売ができないわけですから。一般の古本屋はなかなかそこまでやらない。それでも私の場合はそれらの多様な顧客層を対象にし、ひるむことなくやってきましたから、それで固定客がついていったと思っています。

――それはすごい。高野書店のホップ、ステップ、ジャンプの過程が目に浮かぶようです。

高野　そうですね。自分でもあの頃を考えると、よくやったなと思います。大した勉強をしているわけじゃないですから、学者のレベルからすれば、雀の涙どころではなく、下のほうでごそごそ動き回っていただけだったにもかかわらず。

――いや、それが何よりも大事なことなんじゃないですか。私の持論とすれば、地方の文化は地場の書店と古本屋のクオリティによって支えられるのであって、一握りの文化人の存在よりもそちらが大事だと常々話しています。おそらくそれらの事情がそれぞれの県史や市町村誌の編纂や内容のレベルにも必ず投影されている。

高野　そういって頂くとうれしいし、それは間違いないですね。どこもそうでしょうが、神奈川県の場合も、県史が始まりで、それに各市町村誌が続いた。それに刺激され、一般の研究者、読者も増えていった。これらの編集の問題や経緯などは個別に色々ありますが、ここでは省きます。

とにかく神奈川県史の場合、県単位で取り組んでいたから、様々な郷土史の出発点となったし、それは研究者にとっても、我々のような古本屋にとっても、同じような出発点となり、メインストリームを形成した。

そうした流れの中で、各市町村誌が続き、さらにそれらの亜流として、明治から現代に至る各地域の様々な写真集が出されるようになる。

――長野県の松本にあった郷土出版社を始めとする地方出版社の各地方の懐しの写真集ですね。

52　絵葉書の収集

高野　そうです。ああいう流れというものも県史編纂に始まる郷土史資料の発掘と再発見といったことから生まれてきたものだと考えていいでしょう。

――今まで各家庭に眠っていた何の変哲もない家や家族や部屋、近隣の風景や行事といった写真が貴重な郷土史資料として見直されてくるといった動きとつながっていると。

高野　絵葉書なんかもそうですね。

私は近代文学書を手がけ始めた頃、個人的興味から県下全域の絵葉書と地元の文化人の原稿や作品の収集をしたりしていた。後者はほどなく止めてしまいましたが、それでも手元に今でも真鶴の画家の三宅克己の小田原側から見た真鶴半島を遠望する油絵、明治横浜の代表的長歌人の大熊弁玉の晩年短冊「北条早雲」などが残っている。

――三宅克己の自伝『思ひ出つるまま』（光大社、昭和一三年）を持っています。そこに収録されたカラーの作品はとてもいいもので、その真鶴半島の風景画もぜひ見てみたいですね。

高野　今度お見せしますよ。

それらのほうはともかく、絵葉書はその後も収集を続け、古本屋や書店の風景のものとは別に、西湘地域の絵葉書を二千枚ほど持っています。これもやはり買い続けているうちに、よく見かけるものとめずらしいもののデータがインプットされてきましたので、古いものはほとんど買うようにしていた。それが郷土史資料として見直されてくるのはかなり後になってからでしたが。

――古書ふみくらの佐藤さんに入札で負けてしまったという話を聞いたことがあります。

高野　それは東京の古書市場でのことで、紙切れや絵葉書などを含んだ神奈川に関する資料が出た。たくさんではないけれど、まとまったものだった。私も入札したが、残念ながら佐藤さんに買われてしまった。彼にいって、それだけは分けてもらおうかと思ったけど、ちょっと口に出せないで終わってしまった。

ところが一年後に佐藤さんがいらなくなったらしく、また同じ古書市場に出したんですよ。ああ、これはあの時と同じものだと思い、ようやく買うことができた。佐藤さんにしてみれば、そうではなかったにしても、私にとっては神奈川の新資料だったから、本当によかったと思った。これで自分の店を通じて公表できる資料を得られたという思いですね。

だから自分が独自に目利きして入手し、資料として販売することによって、品物が生きてくる、それが古本屋の冥利に尽きるんじゃないかとこの時も実感しました。もちろんその先には研究者がいるわけだし、さらにそれらの情報をフィードバックしてくれれば、我々の発掘と探求の励みにもなる。その間には紆余曲折がありますが、そういうところに地域の古本屋の喜びが少しずつ出てくる。

それは近代文学関係をかじっていた頃には味わえなかったもので、郷土史資料を手がけるようになって知ったことになります。狭い地域に密着しているようでも、とめどなく奥が深い。

―― そうか、近代文学書の探求の場合、一冊しかないということはほとんどありえないけれど、郷土史資料だったら一点しかないことが多々あるわけだから、それに出会った時の充実感は比較にならないほどなんですね。

高野 そういってもいいでしょうね。それに近代文学の初版本の値下がりは激しく、要するに需要がなくなっている。そういう意味においても、郷土史資料を専門にしたのはまだよかったことになる。
近代文学の研究者はいっぱいいるけど、収集家というものは少なくなり、それに国会図書館のデジタル化によって、いながらにして検索し、読めるようになったことも大きいし、この影響はこれからもっと顕著になるでしょう。本当に我々の業者もどうなっていくかの問題、とりわけ近代文学に関してはそうしたデジタル化の問題と大きく関連している。

――買わなくても見れるし、読めてしまうという国会図書館のデジタル配信が地方の公共図書館を通じ、さらに普及していけば、それこそ地方の古本屋に大きな影響を及ぼしていくのは間違いないでしょう。

高野 そこで我々も色々なサバイバルの道を探していかなければならないわけですが、それも難しい段階にある。
例えば、絵葉書のことをいいますと、本と異なり、コレクターは確実にいますし、デジタルで見るだけに終わりませんから、近代文学書のようには値下がりしていない。

53 フランス人の絵葉書コレクション

――私も佐藤さんから話を聞いたこともあって、絵葉書のことを気にかけているのですが、先日『芸術新潮』（九二年九月号）のバックナンバーを見ていたら、「昔の人がうらやましい日本の絵はがき黄金時代」と題された、フランス人が六年間で集めたという絵葉書コレクションの展覧会の記事がありました。

これは三千枚に及ぶもので、そのフランス人は一九八五年から九一年のわずか六年間の滞在でそれらを集めたようなんです。美術絵葉書といいますか、すばらしいものばかりで、あらためて驚かされました。

高野　それはフィリップ・バロスというフランス人が神田の古本屋を始めとして、各地の骨董市やガラクタ市などにも出向いて集めたもので、一九九二年にそごう美術館でも展覧会が開かれています。このフランス人は絵葉書収集家として業界では有名でした。

私が絵葉書を集めるようになったのは郷土史資料を手がける前でしたから、絵葉書もここまで発掘され、再評価されるようになったのかと思いました。

当時個人のお客さんのところに買いつけにいった際に、絵葉書がありますかと聞くと、どこでも古い絵葉書を持っていた。だからそれを必ず聞き、その中に古い明治の神奈川県、特に小田原関係のものがあれば、それだけを分けてもらい、買ってきたりしていた。その頃はいくらでもあったとはいいませんが、値段も安く、かなり豊富に入手できた。もし選ばないで一括して買っていれば、今では膨大な量になっていたはずですよ。

――それは佐藤さんも同様だったようで、福島県の絵葉書に関しては最大のコレクションになっていると語っていましたね。彼のところも外国人からの注文が入るといっていましたから、このフランス人が客だった可能性も大いにある。

高野　しかしそうした外国人は別にして、佐藤さんにしても私にしても、郷土史資料との関連で、絵葉書に関する収集が続いてきたことになり、そういう流れの中でフィリップ・バロスのコレクションも成立したともいえるわけです。

我々の古書業界というのは狭い世界ですし、地方の古本屋は特に狭い。それで誰かが絵葉書を集めたりして商売になっているようだとの話が伝わると、地方の古本屋もそれに目をつけるようになる。それで市場に出すと、それなりに売れたりして金になる。そうするとはずみがつき、また仕入れ、市場に出すということを繰り返しているうちに、そこで専門業者が生まれてくるわけですよ。

――なるほど、そういった流れと動きがあって、ひとつの専門分野と収集と商品形成がなされていくわけですね。

高野 そういうことです。郷土史資料関連からすれば、地図、古文書、紙切れ類から、カルタやメンコ、様々なポスターや看板類まで広がっていく。そのことによって、絵葉書、地図、広告などの専門店が生まれていく。もちろん規模は小さいにしても。

――そのようにして映画資料、写真関係などの専門店も生まれてきたわけですね。

映画のことで思い出しましたが、去年尾道に出かけたことがあった。そこに小津安二郎と新藤兼人の記念館があり、入ってみたことがあった。そうした建物をかつての映画館のようにしつらえ、一通りポスターを揃えているだけで、中身は何もないという典型的な地方行政が営んでいるものだった。ひとつだけ目玉があって、それはロンドンで公開された小津の『東京物語』のポスターで、これだけは稀少価値だと書いてありました。

でもずっとお話ししていて、地場にクオリティの高い古本屋があれば、そうした映画に関する資料の発掘もできただろうし、資料館にも反映されたと思うと残念な気がする。そういえば、尾道には古本屋がなかったと思う。

高野　短期間の準備であれば、資料や品物が出なかったことも考えられますね。それに地場にファンは必ずいるはずなのに、評価できる古本屋がいなければ、処分されてしまうことも多く、残されていないこともよくあることですから。

そのことも含め、色々考えますと、我々の古書業界も時代の需要に見合った品物がなければ、商売ができない。やっぱり品物が大量にあれば、そこに専門店も出てくることは自明ですし、これは歴史をたどってみても通例でもある。

――つまり近代に限ってみても、明治から少なくとも昭和にかけて出された本や雑誌は大量にあったわけだから、それが古本屋の成長と隆盛にもつながっていたことになるわけですね。

54　『神奈川古書組合三十五年史』の編纂

高野　私の二度目の転機は『神奈川古書組合三十五年史』の編纂に参加したことですが、需要に見合った品物が大量にあるかどうかの問題を痛感した。
――『神奈川古書組合三十五年史』が刊行されたのは一九九二年ですから、よくぞ、この時期に出しておいてくれたと思います。今ではとても無理だったと思いますから。
ところで高野さんがこの編纂に関わる契機、及び組合史の企画の経緯というのはどのようなものだったんですか。

高野　神奈川県の古本屋の歴史、それらを含んだ組合史をつくりたいといい出した同業者が一人いたわけですよ。

――そういったモチーフのよってきたるところは最初に引きました『東京古書組合五十年史』が範となっているのですか。

高野　あの本が出されたのは一九七四年で、私はまだ駆け出しの頃でしたが、全国的の古本業界に与えたインパクトは大きかったと思います。自分のところでも編みたいと触発された組合もあったでしょうし、神奈川県の場合は東京に近いし、市場も重なっていますから、それはよその県よりもはるかに強かったでしょう。

そのいい出した組合員の声を聞き、私もやってみたいと考えた。それで二人で一緒に始めたわけだけど、言い出しっぺの一人が残念ながら途中で抜けてしまった。そういった事情で、私一人になってしまい、どうしたらいいのかと悩みました。

その当時、何度もいいましたように、古書業界のことなど右も左もわかっていなくて、高野書店という名前だけがあったに等しい。そういう状況の中で、日本の古本屋における神奈川組合の位置づけといった事柄がわかるわけもない。だから昔からの組合員で、事情をわかっている人たちに協力を仰ぎ、組合史を刊行する道筋しかないと思った。それで組合に音頭をとってもらい、総会の合意を得て、何年か後に刊行するための準備委員会を設け、スタートしたんです。

しかし行きがかり上もあって、互選で私が編纂委員会の長に任命されてしまった。弱ったなと思いましたが、仕方がないから資料集め専門で動こうと決めた。それで図書館や資料を持っている個人のところをかけずり回り、それらの探索と収集に明け暮れるようになった。

――でもその過程で、明治から昭和戦後にかけての貸本屋の歴史を書いてもらうことを構想したのですね。

高野　でもそれは資料不足もあって、戦後の一時期だけで断念せざるをえなかった。それから自分の執筆部分にしても、意に満たずに終わってしまったこと、いくつかの名簿を作成し、これまで知らなかった人たちの名前を掲載し、少しは喜ばれたにしても、書き写しただけという思いがずっと残ってしまった。

そういう事情、郷土史資料の探求の延長線上に今回のような目録が成立することになるわけで、歯痒い歩みということになります。

そうした中でも、神奈川の古本屋に特別なところがあるとすれば、外国人の貿易に関連して骨董屋などの市場が設けられ、その中に洋書や和本も含めた古本も出されていたので、古本屋も出入りするようになり、発展していったのではないかと憶測している。それを裏づける資料を持っていませんから、本当に憶測に過ぎないんですが。

55　神奈川古書組合の人々

――そのように考えるのは楽しいことですし、色々と想像力をかき立てられる。でもそのような組合史の編纂を通じて、同世代の古本屋の人たちとの勉強会なども持たれたと聞いていますが。実はその一人の「りぶる・りべろ」の川口秀彦さんは私の昔からの友人ですので。

高野　それらのメンバーの名前を挙げますと、川崎の近代書房、大船の松栄堂の他に亡くなった人も入っていました。資料の扱いと価格設定、仕入れ価格と市場への出し方などの勉強会をやりましたが、残念ながら長続きしなかった。川口さんが参加したのはずっと後になってですね。

しかし我々の世代の古本屋はそれほど奇人はいませんが、年上の世代には色んな人たちがいたようで、その筆頭には天堂立石慎太郎がいます。友人につげ義春がいて、彼のマンガの中にも立石として出てきます。

——同じ貸本マンガ家として「下宿の頃」(『義男の青春・別離』所収、新潮文庫)に出てくる人物ですね。彼は古本屋だったのですか。

高野 川口さんの話によれば、貸本マンガ家に構想を提供していたようです。私も古書展に怪しげなものを出品するのを見ていたし、その分野の客が多いことを勉強させられたことがあった。神奈川古書業界きっての酒豪で、昭和戦前生まれの自分流の生き方を全うし、市場でも神出鬼没で、それに見合ってか、彼の客層もよくわからない人が多かった記憶があります。

——その話はとても興味深いし、他にも印象に残る古本屋がいたはずですから、ぜひその人たちのことも聞かせて下さい。

高野 そのような人たちは行き場がなく、古本屋になった感じが強かった。読書好きが多く、様々な職業を渡り歩いてきたこともあって、他人のことには我関知せずといったふうに見えますが、よく観察していると、内面はとても繊細だったりする。ところが彼らに限って行動は複雑怪奇で、扱う古書の分野も私には理解できない部分が多く、きっと生まれ育った時代環境ゆえじゃないかと思うしかない古本屋たちがいたことも事実です。その典型が立石ということになりますが、その他にも挙げてみます。

文林堂山田良三郎は横浜市西区の古本屋で、番付にのるほど将棋が強く、神奈川でも少なくなったぴか一の「はたし」だった。ある古書大市会で、宮沢賢治の初版美本の『春と修羅』を出品した。これは後日聞いてみると、将棋で勝ってせしめてきたものらしく、山田にしかできない仕入れ芸当だと驚いたことがあった。それだけでなく、業界の長老の高石書店高石久幸が亡くなった際に、山田が弔辞を述べ、その文学的センスあふれる詩的弔辞は参列者の涙を誘ったこともあり、知らなかった山田の側面に衝撃を受けたりもした。

次に挙げる鮎書房武井正彦さんは我が家の恩人とでもいうべき人です。古本屋を始めた頃からの高野書店の一番の客で、それこそ毎日のように来店し、古書価の高い本も買ってもらった。それは三十年以上にわたって続き、我が家の食い扶持を支えてくれたことになり、高野書店が現在あるのは氏のおかげといっても過言ではないほどです。氏は天堂の上客でもあり、二人とも昭和戦前関係書を中心に収集していたと思います。

　ある日配達を頼まれ、その届け先が小田原警察署で、出向いたところ署長机にいて、その机に足をのせ、こっちだと呼ばれた。それで署長だったのかと思ったが、知り合いの警察官に聞いてみると、共同通信社の記者だとわかった。

　氏は蔵書家として仲間内でよく知られていたようですが、後に厚木市で古本屋を始めた。小田原に出なかったのはうちに遠慮されたのだと思いますが、ぜひ出てほしかった。しかしほどなくして体を壊され、閉店したと本人から聞かされ、今でも残念でならない。

　それから最後に鈴木書店鈴木惣七を挙げることにします。彼は神奈川古書業界の最も老舗である鈴木書店の二代目で、横浜市南区浦舟町で営業していた。惣七は頑固親父として組合内で一目置かれ、気難しくはあったが、話せば色々なことを教えてくれた。神奈川で唯一人和本を多く扱い、糸切れや表紙の補修なども自分でこなしていた。その出品中の和本には端本ではあったにしても、文化財級のものが混じっていたこともあり、すぐに売れてしまったというエピソードが残されている。だがこの神奈川唯一の和本屋も、後継者がいなかったために二代目で廃業となってしまった。

　まだ他にも言及したい懐しい古本屋の人々がいるのですが、今回はこの四人にとどめておきます。これ以上挙げていくと、何であの人も取り上げないのだという同業者の声が挙がりそうなので。

――いや、この四人だけでも神奈川の古本業界のありし日が浮かんでくるようで、懐しい感じになりますよ。でも古本屋の場合のコラボレーションの難しさというのもあるのでしょうね。

56 古本屋のサバイバルと疲弊

高野 それは絶えずつきまといます。古本屋は基本的に一人でやる商売で、他人と一緒にできる商売ではないですよ。やってやれないことはないかもしれないが、失敗も多い。しかもその失敗がまた大きい。それがすぐお金につながってくるから、一緒にやっても喧嘩になってしまう可能性が高い。

ですから一人でやるのがベストということになる。一人であれば、その責任は全部自分でかぶるしかないので、相手に迷惑をかけないですむ。結局のところ、どの商売もそういうところはあるにしても、特に古本屋の場合は考え、計画し、決断し、実行するのも全部自分でやるしかない。それでないと生き残れないところまできている。

――そこまでの覚悟ということは古本屋の疲弊もかなりのところまできていると。

高野 そうですね。その原因のひとつに今挙げた人たちの時代には確実にあった組合の結束力が弱くなったことが挙げられる。組合員の結束力があったからこそ、市場ができ、土地も買って古書会館を建て、さらに三階建に建て替えることができたのも、結束力の賜物で、それは声を大にしていいたいと思いますね。

――それは新刊書店の組合である日書連の各県も同様で、すでに解体し始めている。だから十年以上続く出版危機を背景に同じ道をたどっているのかもしれない。

高野 本をめぐる状況は新本、古本を問わず共通している。本来であれば、この現状を直視した場合、この先のことを真剣に考えなければならないのに、新刊書店にしても出版社にしても古本屋にしても、いつまで経っても展望が見えてこない。今こそ過去の歴史から学んで、現在や未来を考えるべきなのに。

――言い難いとは思いますが、古本屋のその現在の疲弊状況を具体的に話して頂けませんか。

高野 最近若い同業者から、好景気、不景気の両方を体験できたことが羨ましいといわれました。よく考えてみれば、新規加入してきた若い古本屋は不景気しか体験していないから、それが当たり前になっている。でもそれは異常な事態であって、これまでの古本業界の体験してきたことではないことをはっきり認識すべきでしょうね。どう考えてもおかしな状況だと。

―― それはそのまま出版社、取次、書店に対しても向けられる言葉ですね。こんな事態は日本でしか起きていない異常な事態なのですから。ところがそれが十数年も続くと当たり前みたいと思ってしまい、何も考えずに日々を過ごすようになる。

それはともかく神奈川などに顕著に表れているのはどのような事態なんでしょうか。

高野 数字でいいますと、神奈川古書組合の場合、組合史を出した一九九二年には百八十人近く組合員がいた。うちが加盟した頃は百四十人ぐらいだったから、多くはないにしても八〇年代には増えてきていた。

それが今では百二十人を割りそうになってきている。先日も組合に退会届を出したところがある。もう少し店は開けておくけど、組合は退会するとのことだった。そういうところがこれからも続々出てくるでしょう。

―― その退会に至る最大の原因は何なのですか。

高野　要するに店に客がこなくなってしまったからですよ。そうすると、売るだけでなく買い取りもなくなってしまう。

――もう少し開けておくということはもはやあるものを売るだけだから、組合に入っている必要もないということになりますか。

高野　それもありますが、我々の業界は売ることにもまして、買い取りが一番重要です。その需要がなくなってしまったということは店にとって致命的です。新陳代謝しなくなってしまう。だから何のために店を続けているのかの問題に直面する。この問題はこれからさらに加速するのでしょう。

57　古本屋の危機と現在

――それは神奈川のみならず、地方の古本屋が等しく見舞われている危機と見なすべきなのでしょうね。

高野　出版物の売上高が一九九〇年代のピークから三分の一が失われたということなんですが、神奈川の組合加盟店の減少もほぼ同じ割合だから、これは間違いなく出版業界の危機と連動している。しかもまだ売上高は落ち続けていることからすれば、さらに古本屋が減少していく現象にも歯止めがかからないことになる。古本屋自体の売上に関してはいうまでもないでしょう。

――それらのよって来たるべき原因を挙げて頂けませんか。

高野　店に客がこなくなったということでいえば、今までの読者が高齢化し、古本屋からリタイアしてしまったことが挙げられる。しかしそうした読者の新陳代謝はこれまでもあったことだけど、現在の問題はそこで読者が途切れてしまったことでしょう。次の世代の人たちはまったくの少数となり、さらにその次の世代はまったく本を読まなくなってしまった。その一方で従来の読者は高齢化し、年金暮らしとなり、外も歩けなくなり、古本屋に顔を出すような生活ではなくなってしまった。これはこの十年以上、我々が古本屋の店頭で毎日感じていたものですね。

だからこのことは業界の誰もがわかっていたことだけど、それに対して何の対策もとらなかった。そこにブックオフが進出し、インターネットが普及し、アマゾンの古本サイトであるマーケットプレイスまで出てきた。これらの流れに古本業界は翻弄され、なにもしないでうろうろしてきただけだった。

――これらの問題はすべてを古本屋だけの自助努力に還元できず、様々な大きな要因が絡んでいますが、まず従来の古本屋の立地である商店街の衰退の影響も当然考えられますよね。高野書店も現実に商店街に位置していますから。

高野 それは大いにあります。うちも客層の変化に合わせ、営業内容を徐々に変えてきましたが、小田原の商店街の古書専門店は私のところだけになってしまった。そうなるとうちだって客が減る一方なのに、多くの人たちからいつまでもここで頑張って下さいといわれ、急激な商品構成の転換ができなくなってしまい、目に見えてわからないように進めるしかないというジレンマに陥っているのが現状です。

――やはり小田原の商店街も見てわかりますが、例外ではないわけですね。

高野 小田原市内の老舗商店も次々に廃業に追いこまれていますが、私にとって最もショックだったのは最初の目録のところでも話に出ました八小堂書店の閉店です。前にもいいましたが、八小堂は戦後すぐの一九四七年創業で、小田原読書人の心の支えであった。閉店にあたって、在庫整理のお手伝いをすることになったので、失礼を顧みず、閉店するのはどうしてですかと思わず聞いてしまいました。

――明確な答えは返ってこなかった。

高野　そうです。でも苦渋の決断だったことはわかりました。それからこれは一昨（二〇一〇）年ですが、平塚の稲元屋書店も閉店してしまった。ここは明治九（一八四二）年創業で、教科書の出版も手がけていた本当に歴史のある書店です。それで古い営業資料や記録は残っていないかと問い合わせたところ、何も残っていないということでした。また明治の出版のことなども何もご存知ないようなので、私が調べた出版目録などのコピーを渡し、古い営業資料や記録は紙切れ一枚でも貴重なものですので、絶対に捨てないで下さいと頼んでおきました。

――全国各地で起きている近代の読書のインフラを支えていた老舗書店の廃業、閉店が神奈川でも同様に起きているわけですね。

高野　まさにそうです。地方の古本屋が成立する条件として、新刊書店の販売力が大きく作用します。古本屋開業の目安は人口三十万人以上とされていますが、小田原は文化都市を標榜しているにもかかわらず、人口は十九万人で、古本屋が育たない要因もありました。でも八小堂などの老舗書店と共存連動し、貸本屋も古本屋も営まれてきたことは間違いない事実です。

――ところがこれも全国的各地で起きている現象と共通し、古本屋にとっては車の両輪のひとつだった新刊書店が次々と消え、古本屋だけが取り残されてしまっている。ちなみに一九七〇年代に新刊書店も二万三千店を数えましたが、今では一万五千店を割りこんでいる。

高野 その一方で、近年西湘地域でもブックオフに代表される新古本屋が増加している。でもこれもかつてのような勢いはなく、本だけではとても経営がなり立たないようで、色々なものを組み合わせ、いくつもの兼業形態に移行しているし、すでに廃業するところも出ている。

――それは新刊書店の動向も同じで、有隣堂も古本の兼業を始めていますし、三省堂、三洋堂、フタバ図書、平安堂なども古本の販売を兼ねるようになってきている。また三洋堂などはバラエティストア的業態になってきて、それこそ新刊、古本、レンタルに加え、様々な商品を組み合わせ、これをチェーン化していく方向に進んでいる。

高野 そうした現在の全体の状況の中に古本屋を置いてみると、「日本の古本屋」に属するのは二千店とされていますが、ごく一部を除き、ほとんどの店が大変動の波に翻弄され、必死でサバイバルの道を模索していることが自ずと明らかになる。

私も十数年前から店売りも一般書から学術専門書への転換、目録販売、東京の古書展への参加、新たな読者開拓、新たな分野の掘り起こし、研究者の顧客確保などに挑み、それをずっと試みてきた。それがこれからどのように実を結ぶかはわかりませんが、いずれにしても今が古本屋としての正念場でしょうね。

でもあらためて考えてみると、貸本屋から古本屋へ、古本屋から古書店へ、それから郷土史資料専門店や目録販売という道筋をたどってここまできたわけですから、これまでも常に変化してきた。でもこのようなプロセスが苦労でもあったけれど、自分には幸福だったとも思っている。だから立ち止まってしまうことだけはだめだと肝に銘じています。

58　本にまつわる愛情とその変化

――そうした貸本屋高野文庫から古書店高野書店の戦後史の一端をずっとうかがってきたわけですけど、社会や環境の変化とは別に、本にまつわることで変わってきたことは何でしょうか。

高野　私が昭和三〇年代の貸本屋をずっと調べていくうちにわかったのは、どうして当時の貸本屋が読者に迎えられたかといえば、ひとつに愛情があったということに尽きるのではないかということでした。安いということはあったにしても、貸本屋は書店よりもはるかに敷居が低かったのはそこにあったのではないかと。

私は貸本屋の息子として育ったので、確信を持っていえますが、貸本屋と読者は同じような貧しい境遇にあったから、相身互いな感じを共有していた。だから貸本と一緒に愛情も一緒に貸し出していたという感じがする。

―― それは大きな問題で、社会の全部からそうした愛情が消えてしまった。それはすべての業種に及んでいて、本だけでなく、生活、飲食、身の回りのこと、生きることに関しても、そうした愛情の喪失がまとわりついている。

高野 何で愛情がなくなってしまったのかは本当に難しい問題ですけど、本の世界からそれがなくなってしまえば、古本屋は成立しなくなってしまう。

―― ところがブックオフが成立したのはそうした本に対する作者や出版社の愛情が稀薄になった時だったのは偶然ではない。大量生産、大量消費、大量廃棄の構造の中で、バブル出版が二十年以上続いてきましたから、これがやはり根幹の問題だと考えざるをえない。

それを象徴しているのは出版業界の目を覆わんばかりの衰退と危機で、同時にそれが従来の古本屋も巻きこんでしまった。
他の業界であれば、愛情を捨象し、大量生産、大量消費、大量廃棄の道を選択すること は企業の成功と躍進のメルクマールにもなるわけですが、出版業界の場合は逆に作用し、 かえって危機を招いてしまったことになる。この事実は愛情を売り物にせよということで はないけれど、やはり本に関しては愛情がないと成立しないことを物語っているのではな いか。

高野　そのことで思うのは、貸本屋はルーズで、読者のための融通が利いているわけ で、そこにはやはり同じ町に住んでいる人たちに対する愛情があり、それが町の貸本屋の 姿ではなかったかと思いますね。

――それは町の書店にしても、商店街の様々な店にしても、必然的に備わっていたも のだったのではないか。この後に論を進めますと、郊外消費社会論になってしまいますの で、ここで止めますが。

高野　でもこの愛情という言葉、この年になって愛情などというのも恥ずかしい気もし ますが、その言葉を貸本マンガに当てはめてみるとものすごくわかるような気がします。
あの粗末といえる貸本マンガが今になって人気をよび、高い古書価がつき、それらを求める人たちが絶えないのも、それらを愛情を持って読んでいた人たちが多くいるからでしょうね。

――それはおそらく戦後最大の読者層を形成したのではないかと前にいいましたが、愛情を持って読んだ読者が無数に生み出されたからこそ、戦後の日本の出版業界が世界でも類を見ないコミック文化を生み出すに至ったと考えられます。だから出版業界にしても古書業界にしても、何よりも重要なのはそのコアたる出版物であることは自明で、これが一番の問題だとわかります。

高野 その愛情を持って読んだ読者と出版物のことを考えると、思いはどうしても貸本屋が立ち上がり、多くの読者と作者が生まれていった江戸時代に飛んでしまう。私が本当にやりたいのは江戸時代なんですよ。ところがこの江戸時代の資料が思うように出てこない。もっと研究者の方々に深く突っこんで聞けばいいのかもしれませんが、こちらは古本屋なので、遠慮もあってうかつに聞けない。ただ研究者の場合はそれぞれの守備範囲もありますが、私は広く資料を漁れるので、思いがけない資料に出会うことがあるかもしれないと、それを励みにしている。

――それはいいですね。高野さんとずっとお話していて、御多分にもれず、明るい話は少ないのですが、貸本屋から始まる話はとても参考になりました。それとよかったのは高野さんの歩みも色々ご苦労もあったと思いますが、自分は幸福だったとの言葉に感銘を覚えました。最後になって愛情だとか幸福だとか、陳腐な言葉ばかりになってしまいましたが、それはそれで今回のインタビューの末尾を飾る言葉として受け止め、考えていくべき言葉のようにも思われます。

それから巻末に「しらかば文庫旧蔵書目録」を収録しましたが、これは高野さんが記録された小田原市の貸本屋の在庫目録で、この本の目玉というべき貴重な資料です。著者、タイトル、出版社名を見るだけでも貸本屋の棚が懐かしく思い出される気がします。

このこともインタビューではふれられませんでしたし、他にも色々と聞きそびれてしまったことも多々ありますが、今回はこれで閉じさせて頂きます。高野さん、長時間有難うございました。

あとがき

ゲラ刷りを通読して貸本屋「ネオ書房」のことをふっと思った。

戦後開業したこの貸本屋は全国の農山村にまで貸本ブームを巻き起こして、神奈川も延べ八〇〇店以上の貸本屋が開業した。この中で貸本組合に在籍した者は二割程で、その他が組合未加入店だったが、ブームを巻き起こしたネオ書房の東京、神奈川における開業時の対応について、貸本組合に籍をおいていた父からはこの話を一度も聞いたことがなく、私自身にしても詳細を知ったのは後に『戦後の貸本文化』『東京古書組合五十年史』『神奈川古書ニュース』『貸本文化』などを読んでのことである。

当時の貸本組合理事の一人も、神奈川古書組合によるネオ書房対応経過のことは近年になって初めて知ったと語っているので、多くの未加入店も事情を知らずに営業していた可能性があるかもしれない。

小田氏は書籍業界全体が疲弊している原因は社会構造にあるとされる。いまその異常事態を受けて地方古本屋は断末魔の渦中にあるといってもいいような状況を呈していて、近い将来の各自店舗の存続も危ぶまれている。

そこで『神奈川古書組合三十五年史』の通読をお願いしたいのは、現状打破の方策と将来起こり得る問題の本質が何処にあるのかなどを読みとれるはずだからである。例えは悪いが二、三〇代の少数若者が悪知恵を働かして高齢者から振り込め詐欺で何十億という金を懐にしている。いまこれら若者にその悪知恵で負けているようにみえても、ほとんどが高齢者といってもいい地方古本屋の叡智を結集すれば、この難局を乗り越えられると信じている。

戦後の小田原市内貸本屋は延べで四五店を数えている。その一店、しらかば文庫は小田原市内に三度店舗移動しながらも、一九五〇年代後半ころから六〇年代前半にかけて営業された。旧蔵書の一群は近年まで大事に保存されていたらしく、書籍見返しにある、業界でいうパックペーパーに記された記録等を知人の好意もあって控えることができたものの、一部は時間的制約で適わなかった。また同時期に営業した秦野市の貸本屋大衆文庫の蔵書目録も本書に掲載する予定でしたが、紙数の都合で割愛せざるを得なかった。この二店の動向を含めた「昭和三〇年代の地方貸本業界」を後日発表できればと考えていますので、それまで御猶予を戴ければ有難く思います。

最後になってしまったが読者が本書を店頭でお買い上げ下さった動機は、背文字の「貸本屋」を見てのことと勝手に想像している。仮にそうだとして、私の話したことが読者に少しでも得るところがあったならば望外の喜びである。出版の労をとっていただいた小田光雄氏と論創社の森下紀夫氏には心から御礼申し上げたい。そして、長年協力してくれた妻に感謝の気持ちを込めてこの一書を捧げます。

二〇一二年六月

高野　肇

読切時代小説	二葉社	37, 1
読切雑誌	二葉社	36, 11
読切傑作集	二葉社	36, 12
読切傑作集	二葉社	37, 1
100 万人の小説読切	高橋書店	37, 2
裏窓　臨時増刊号	久保書店	35, 10
婦人子供男子流行あみもの集	婦人生活 10 月号付録	36, 10

怪力くり太郎	関谷ひさし	まんが王　9-7	35, 7
怪獣マリンコング	笹川ひろしえ　越田委寿美原作	まんが王　9-7	35, 7
ロケット小僧	飯塚よし照	まんが王　9-6	不詳
おれは猿飛だ！	手塚治虫	まんが王　9-6	35, 6
おれは猿飛だ！	手塚治虫	まんが王　9-13	35, 12
おれは猿飛だ！	手塚治虫	まんが王　7月号	不詳
フラッシュZ	石森章太郎	まんが王　9-12	35, 11
フラッシュZ	石森章太郎	まんが王　9-13	35, 12

小学館

さばくのたから	酒井しげる	小学三年生　13-3	33, 6
さばくのたから（重複）	酒井しげる	小学三年生　13-3	33, 6
おてがら三之助	涌井和夫		
ふしぎな色めがね	三木一楽	小学三年生　13-5	33, 8
ちどりちゃん	寺田ともふみ	小学三年生　13-5	33, 8
おこまちゃん	太田じろう	小学三年生　13-4	33, 7
おこまちゃん（重複）	太田じろう	小学千年生　13-4	33, 7
真田十勇士	南田鹿平画	小学五年生　8-2	30, 5

芳文社

隻手の鬼	土佐野竜	痛快ブック　6-1	33, 1

出版社？

月のひとみ	関谷ひさし	ひとみ　1-3	33, 10
月のひとみ	関谷ひさし	ひとみ　5月号	34, 5
ペスよおをふれ	山田えいじ	なかよし　5-9	34, 8

【雑誌】

少年　16巻11号　9月号	光文社	36, 9
読切倶楽部	三世社	36, 12
読切倶楽部	三世社	37, 1
読切倶楽部	三世社	37, 2
小説倶楽部	桃園書房	36, 12
小説倶楽部	桃園書房	37, 1
傑作倶楽部	二葉社	36, 11

ジャジャ馬くん	関谷ひさし	冒険王　13-1	36, 1
ジャジャ馬くん	関谷ひさし	冒険王　13-4	36, 3
ジャジャ馬くん	関谷ひさし	冒険王　13-5	36, 4
ジャジャ馬くん	関谷ひさし	冒険王　13-9	36, 8
ジャジャ馬くん	関谷ひさし	冒険王　13-10	36, 9
熱血鉄仮面	岡友彦	冒険王　不詳 -1	31, 1
地球王子	石川球太	冒険王　13-5	36, 4
地球王子	石川球太	冒険王　9 月号	不詳
ガロン	手塚治虫	冒険王　12-12	35, 10
ガロン	手塚治虫	冒険王　12-13	35, 11
ガロン	手塚治虫	冒険王　12-14	35, 12
ガロン	手塚治虫	冒険王· 13-4	36, 3
ガロン	手塚治虫	冒険王　13-5	36, 4
ガロン	手塚治虫	冒険王　13-9	36, 8
ガロン	手塚治虫	冒険王　13-10	36, 9
ガロン	手塚治虫	冒険王　新年特大号	不詳
土俵の鬼若乃花物語	日吉まるお	まんが王　7 月号	不詳
ミサイル金太郎	九里一平	まんが王　9-6	35, 6
ミサイル金太郎	九里一平	まんが王　9-7	35, 7
スピード・ハッチ	田中正雄	まんが王　9-1	35, 1
スピード・ハッチ	田中正雄	まんが王　9-6	35, 6
スピード・ハッチ	田中正雄	まんが王　9-7	35, 7
チャンスくん	田中正雄	まんが王　9-13	35, 12
とんま天狗	わちさんぺい	まんが王　9-6	35, 6
とんま天狗	わちさんぺい	まんが王　9-13	35, 12
地底よりの使者シルバー・ホーク	一峰大二	まんが王　9-12	35, 11
地底よりの使者シルバー・ホーク	一峰大二	まんが王　9-13	35, 12
わんぱくター坊	ムロタニツネ象	まんが王　9-1	35, 1
わんぱくター坊	ムロタニツネ象	まんが王　9-6	35, 6
わんぱくター坊	ムロタニツネ象	まんが王　9-13	35, 12
わんぱくター坊	ムロタニツネ象	まんが王　7 月号	不詳
少年パイロット	関谷ひさし	まんが王　9-12	35, 11
少年パイロット	関谷ひさし	まんが王　9-13	35, 12
怪力くり太郎	関谷ひさし	まんが王　9-1	35, 1
怪力くり太郎	関谷ひさし	まんが王　9-6	35, 6

アパッチ牧場	井上さとる	冒険王	13-10	36, 9
ゼロ戦レッド	貝塚ひろし	冒険王	13-9	36, 8
ゼロ戦レッド	貝塚ひろし	冒険王	13-10	36, 9
指令スリー・ゼロ	九里一平	冒険王	3月号	36,3
指令スリー・ゼロ	九里一平	冒険王	13-5	36, 4
指令スりー・ゼロ	九里一平	冒険王	13-9	36, 8
指令スリー・ゼロ	九里一平	冒険王	13-10	36, 9
背番号3長島物語	日吉まるお	冒険王	12-4	35, 12
背番号3長島物語	日吉まるお	冒険王	13-1	36, 1
アラーの使者　川内康範原作　松原佳成脚色　九里一平え		冒険王	12-12	35, 10
アラーの使者　川内康範原作　松原佳成脚色　九里一平え		冒険王	12-13	35, 11
アラーの使者　川内康範原作　松原佳成脚色　九里一平え		冒険王	12-14	35, 12
アラーの使者　川内康範原作　松原佳成脚色　九里一平え		冒険王	13-1	36, 1
おまわりさん	わちさんぺい	冒険王	12-14	35, 12
おまわりさん	わちさんぺい	冒険王	13-4	36, 3
おとうさん	わちさんぺい	冒険王	12-10	35, 10
ト伝くん	一峰大二	冒険王	12-13	35, 11
ト伝くん	一峰大二	冒険王	12-14	35, 12
ト伝くん	一峰大二	冒険王	13-1	36, 1
ト伝くん	一峰大二	冒険王	13-4	36, 3
ト伝くん	一峰大二	冒険王	13-5	36, 4
ト伝くん	一峰大二	冒険王	13-9	36, 8
白馬童子	一峰大二	冒険王	12-12	35, 10
ピカドンくん	ムロタニツネ象	冒険王	12-12	35, 10
ピカドンくん	ムロタニツネ象	冒険王	12-13	35, 10
ピカドンくん	ムロタニツネ象	冒険王	13-1	36, 1
ピカドンくん	ムロタニツネ象	冒険王	13-10	36, 9
ジャジャ馬くん	関谷ひさし	冒険王	10-9	33, 8
ジャジャ馬くん	関谷ひさし	冒険王	12-10	35, 10
ジャジャ馬くん	関谷ひさし	冒険王	12-13	35, 11
ジャジャ馬くん	関谷ひさし	冒険王	12-14	35, 12

ぼくら　6-9　35, 8

ナショナル・キッド　原作貴瀬川実　脚色谷井敬　え一峰大二

ぼくら　6-13　35, 11

ナショナル・キッド　原作貴瀬川実　脚色赤坂長義　え一峰大二

ぼくら　6-14　35, 12

ナショナル・キッド　原作貴瀬川実　脚色赤坂長義　え一峰大二

ぼくら　7-5　36, 4

ナショナル・キッド　原作宮川一郎　え一峰大二　ぼくら　7-6　36, 5

ナショナル・キッド　一峰大二　ぼくら　7-10　36, 9

ナショナル・キッド　一峰大二　ぼくら　7-12　36, 10

新七色仮面　原作川内康範　脚色結城三郎　え一峰大二

ぼくら　6-9　35, 8

どんがらがん坊　一峰大二　ぼくら　6-14　35, 12

どんがらがん坊　一峰大二　ぼくら　7-5　36, 4

どんがらがん坊　一峰大二　ぼくら　7-6　36, 5

まさむねくん　やまねあかおに　ぼくら　6-9　35, 8

電光オズマ　松本あきら　ぼくら　7-5　36, 4

電光オズマ　松本あきら　ぼくら　7-12　36, 10

ロボットくん　前谷惟光　ぼくら　6-14　35, 12

ロボットくん　前谷惟光　ぼくら　7-5　36, 4

ロボットくん　前谷惟光　ぼくら　7-6　36, 5

ほがらかまりちゃん　板井れんたろう　たのしい三年生　2-6　33, 9

にじの子　石森章太郎　少女クラブ　39-8　36, 7

ふたりの白鳥　原作春名誠一　え細川知栄子　少女クラブ　40-3　37, 2

れんウエイ通り　竹内つなよし　少女クラブ　38-9　35, 8

ユカをよぶ海　少女クラブ　38-9　不詳

ママのバイオリン　ちばてつや　少女クラブ　36-12　33, 10

ママのバイオリン　ちばてつや　少女クラブ　11 月号　33,11

ママのバイオリン　ちばてつや　少女クラブ　37-4　不詳

秋田書店

宝石城　堀江卓　冒険王　12-13　35, 11

アパッチ牧場　井上さとる　冒険王　13-1　36, 1

アパッチ牧場　井上さとる　冒険王　13-4　36, 3

アパッチ牧場　井上さとる　冒険王　13-9　36, 8

月光仮面	川内康範原作	楠高治	少年クラブ	47-6	35, 5
月光仮面	川内康範原作	楠高治	少年クラブ	47-14	35, 12
ふしぎな少年	手塚治虫		少年クラブ	48-8	36, 7
ロボット三等兵	前谷惟光		少年クラブ	47-6	35, 5
ロボット三等兵	前谷惟光		少年クラブ	47-14	35, 12
ロボット三等兵	前谷惟光		少年クラブ	48-8	36, 7
スリー・コッペ	わちさんぺい		少年クラブ	48-3	36, 7
台風ぼうや	伊東あきお		ぼくら	5-14	34, 12
台風ぼうや	伊東あきお		ぼくら	7-5	36, 4
コンドルキング	竹内つなよし		ぼくら	7-5	36, 4
コンドルキング	竹内つなよし		ぼくら	7-6	36, 5
コンドルキング	竹内つなよし		ぼくら	7-10	36, 9
コンドルキング	竹内つなよし		ぼくら	7-12	36, 10
少年ジェット	竹内つなよし		ぼくら	6-9	35, 8
少年ジェット	竹内つなよし		ぼくら	6-12	35, 10
少年ジェット	竹内つなよし		ぼくら	6-13	35, 11
少年ジェット	竹内つなよし		ぼくら	6-14	35, 12
新少年ジェット	竹内つなよし		ぼくら	7-10	36, 9
新少年ジェット	竹内つなよし		ぼくら	7-12	36, 10
つんころ大助	原作北條誠	え三島みちひこ	ぼくら	6-9	35, 8
つんころ大助	原作北條誠	え三島みちひこ	ぼくら	6-13	35, 11
つんころ大助	原作北條誠	え三島みちひこ	ぼくら	6-14	35, 12
つんころ大助	原作北條誠	え三島みちひこ	ぼくら	7-5	36, 4
つんころ大助	原作北條誠	え三島みちひこ	ぼくら	7-6	36, 5
つんころ大助	原作北條誠	え三島みちひこ	ぼくら	7-10	36, 9
スーパージャイアンツ	遊星デモスの怪獣の巻		ぼくら	6-9	35, 8
スーパージャイアンツ	海賊黒いさそりの巻	宮川一郎原作　吉田竜夫え	ぼくら	6-12	35, 10
スーパージャイアンツ	海賊黒いさそりの巻		ぼくら	6-14	35, 12
ライナーくん	田中正雄		ぼくら	4-3	33, 2
はやぶさQ	吉田竜夫		ぼくら	7-10	36, 9
ポンコツ	わちさんぺい		ぼくら	7-6	36, 5
ポンコツ	わちさんぺい		ぼくら	7-10	36, 9
ポンコッ	わちさんぺい		ぼくら	7-12	36, 10
ナショナル・キッド	原作貴瀬川実	脚色谷井敬　え一峰大二			

鉄人28号	横山光輝	少年	12月号	不詳
シルバークロス	藤子不二雄	少年	16-7	36, 6
シルバークロス	藤子不二雄	少年	16-8	36, 7
シルバークロス	藤子不二雄	少年	16-9	36, 8
シルバークロス	藤子不二雄	少年	16-12	36, 10
可奈ちゃん	原作西谷康二　まんが牧美也子	少女	16-12	35, 10
少女たち 第1回	原作西谷康二　まんが牧美也子	少女	16-13	35, 11
少女たち 第2回	原作西谷康二　まんが牧美也子	少女	12月号	35,不詳
少女たち	牧美也子	少女	17-7	36, 6
少女たち	牧美也子	少女	17-8	36, 7
少女三人	牧美也子	少女	14-12	33, 9
少女三人	牧美也子	少女	5月号	34, 5
かなえちゃん	谷元二郎作　水島順絵	少女	13-14	32, 12
チャコちゃんの日記		少女	16-12	35, 10
チャコちゃんの日記		少女	16-13	35, 11
チャコちゃんの日記		少女	17-7	36, 6
チャコちゃんの日記		少女	17-8	36, 7
あしたは土よう日!		少女	16-12	35, 10
あしたは土よう日!		少女	16-13	35, 11
あしたは土よう日!		少女	16-14	35, 12
あしたはどよう日!		少女	不詳	35, 12
あしたは土よう日!		少女	17-7	36, 6

講談社

少年ハリマオ	堀江卓	少年クラブ	47-6	35, 5
少年ハリマオ	堀江卓	少年クラブ	47-14	35, 12
少年ハリマオ	堀江卓	少年クラブ	48-8	36, 7
探偵カメラマン	一峰大二	少年クラブ	48-8	36, 7
スーパー・ゼット	宮川一郎原作　天馬正人え	少年クラブ	47-6	35, 1
スーパー・ゼット	宮川一郎原作　天馬正人え	少年クラブ	47-14	35, 12
ジャガーの目	高垣眸　たつみ勝丸	少年クラブ	47-6	35, 5
雷光くん	どや一平	少年クラブ	47-14	35, 12
まぼろし城	高垣眸原作　桑田次郎え	少年クラブ	47-6	35, 5
まぼろし城	高垣眸原作　桑田次郎え	少年クラブ	47-14	35, 12
まぼろし城	高垣眸原作　桑田次郎え	少年クラブ	48-8	36, 7

ナガシマくん	わちさんぺい	少年	不詳	不詳
山彦小太郎	竹内つなよし	少年	13-4	33, 3
少年スピード王	久米みのる原作　九里一平	少年	16-9	36, 3
少年スピード王	久米みのる原作　九里一平	少年	16-12	36, 10
宇宙人マッハ	原作棟明郎　制作大映テレビ室　一峰大二	少年	15-14	35, 12
宇宙人マッハ	原作棟明郎　制作大映テレビ室　一峰大二	少年	16-7	36, 6
宇宙人マッハ	原作棟明郎　制作大映テレビ室　一峰大二	少年	16-8	36, 7
宇宙人マッハ	原作棟明郎　制作大映テレビ室　一峰大二	少年	16-9	36, 8
宇宙人マッハ	原作棟明郎　制作大映テレビ室　一峰大二	少年	16-12	36, 12
怪傑黒頭巾	原作高垣眸　脚色高垣眸　高野よしてる	少年	5月号	不詳
がんばれがん太	太田じろう	少年	12-3	32, 2
大怪獣モスラ	原作中村真一郎・福永武彦　脚色堀田善衛・関沢新一　吉田きみまろ	少年	16-8	36, 7
もうれつ先生	寺田ヒロオ	少年	14-6	34, 5
もうれつ先生	寺田ヒロオ	少年	15-7	35, 1
鉄腕アトム	手塚治虫	少年	14-6	34, 5
鉄腕アトム	手塚治虫	少年	16-6	36, 5
鉄腕アトム	手塚治虫	少年	16-7	36, 6
鉄腕アトム	手塚治虫	少年	16-8	36, 7
鉄腕アトム	手塚治虫	少年	16-12	36, 10
鉄腕アトム	手塚治虫	少年	8月号	不詳
鉄腕アトム	手塚治虫	少年	2月号	不詳
ロボット一家		少年	15-14	35, 12
鉄人28号	横山光輝	少年	14-6	34, 5
鉄人28号	横山光輝	少年	16-6	36, 5
鉄人28号	横山光輝	少年	16-7	36, 6
鉄人28号	横山光輝	少年	16-8	36, 7
鉄人28号	横山光輝	少年	16-9	36, 8
鉄人28号	横山光輝	少年	16-12	36, 10

白馬童子　原作田辺虎男　まんが南村喬　少年画報　13-8　35, 8
白馬童子　原作田辺虎男　まんが南村喬　少年画報　13-9　35, 9
白馬童子　原作田辺虎男　まんが南村喬　少年画報　13-11　35, 11
いまげ三銃士　山田常夫　少年画報　12-1　34, 1
でこちん　やまねあおおに・やまねあかおに　少年画報　9-9　36, 9
笛吹童子　原作北村寿夫　脚本和家治夫　江原比佐夫
まんが益子かつみ　少年画報　13-8　35, 8
お笑い一心太助　福田三郎　少年画報　13-9　35, 9
5郎10郎　下山長平　少年画報　13-9　35, 9
青空投手　高士与一原作　花岡しろう　少年画報　14-8　36, 8
まぼろし探偵　桑田次郎　少年画報　11-4　33, 4
まぼろし探偵　桑田次郎　少年画報　13-8　35, 8
まぼろし探偵　桑田次郎　少年画報　13-9　35, 9
まぼろし探偵　桑田次郎　少年画報　13-11　35, 11
まぼろし探偵　桑田次郎　少年画報　新年号　不詳
X マン　桑田次郎　少年画報　14-1　36, 1
X マン　桑田次郎　少年画報　14-2　36, 2
X マン　桑田次郎　少年画報　14-5　36, 5
X マン　桑田次郎　少年画報　14-7　36, 7
X マン　桑田次郎　少年画報　14-8　36, 8
X マン　桑田次郎　少年画報　14-9　36, 9
キングアラジン　石森章太郎　少年画報　14-7　36, 7
キングアラジン　石森章太郎　少年画報　14-9　36, 9

光文社
矢車剣之助　堀江卓　少年　15-14　35, 12
矢車剣之助　堀江卓　少年　16-7　36, 6
矢車剣之助　堀江卓　少年　不詳-5　不詳
ガンキング　堀江卓　少年　15-14　35, 12
ハンマーキット　堀江卓　少年　14-6　不詳
ナガシマくん　わちさんぺい　少年　15-14　35, 12
ナガシマくん　わちさんぺい　少年　16-7　36, 6
ナガシマくん　わちさんぺい　少年　16-8　36, 7
ナガシマくん　わちさんぺい　少年　16-9　36, 8
ナガシマくん　わちさんぺい　少年　16-12　36, 10

ビリーパック	河島光広	少年画報	14-9	36, 9
天馬天平	堀江卓	少年画報	13-8	35, 8
天馬天平	堀江卓	少年画報	13-9	35, 9
平原児サブ	竹内つなよし	少年画報	14-1	36, 1
平原児サブ	竹内つなよし	少年画報	14-5	36, 5
平原児サブ	竹内つなよし	少年画報	14-7	36, 7
平原児サブ	竹内つなよし	少年画報	14-8	36, 8
平原児サブ	竹内つなよし	少年画報	14-9	36, 9
赤胴鈴之助	竹内つなよし	少年画報	13-9	35, 9
あめん坊	平川やすし	少年画報	13-9	35, 9
あめん坊	平川やすし	少年画報	13-11	35, 11
あめん坊	平川やすし	少年画報	14-1	36, 1
あめん坊	平川やすし	少年画報	14-5	36, 5
あめん坊	平川やすし	少年画報	14-8	36, 8
あめん坊	平川やすし	少年画報	14-9	36, 9
特ダネ六さん	あそうしょう六	少年画報	13-8	35, 8
特ダネ六さん	あそうしょう六	少年画報	13-9	35, 9
特ダネ六さん	あそうしょう六	少年画報	13-10	35, 10
特ダネ六さん	あそうしょう六	少年画報	14-2	36, 2
特ダネ六さん	あそうしょう六	少年画報	14-9	36, 9
パイロット A	吉田竜夫	少年画報	13-12	35, 12
パイロット A	吉田竜夫	少年画報	13-12	35, 12
パイロット A	吉田竜夫	少年画報	14-2	36, 2
パイロット A	吉田竜夫	少年画報	14-8	36, 8
パイロット A	吉田竜夫	少年画報	14-9	36, 9
豆パンチ	わち・さんぺい	少年画報	13-8	35, 8
豆パンチ	わち・さんぺい	少年画報	13-9	35, 9
豆パンチ	わち・さんぺい	少年画報	13-11	35, 11
豆パンチ	わち・さんぺい	少年画報	14-1	36, 1
豆パンチ	わち・さんぺい	少年画報	14-2	36, 2
豆パンチ	わち・さんぺい	少年画報	14-5	36, 5
豆パンチ	わち・さんぺい	少年画報	14-7	36, 7
豆パンチ	わち・さんぺい	少年画報	14-8	36, 8
豆パンチ	わち・さんぺい	少年画報	14-9	36, 9
とらの子兵長	わち・さんぺい	少年画報	10-12	32, 12

テレビ小僧	石森章太郎	日の丸	7-14	34, 12
ララミー牧場	松本あきら	日の丸	8-13	35, 12
ララミー牧場	松本あきら	日の丸	9-5	36, 4
ララミー牧場	松本あきら	日の丸	9-7	36, 6
ララミー牧場	松本あきら	日の丸	9-11	36, 10
少年ロケット部隊	横山光輝	日の丸	9-3	36, 2
少年ロケット部隊	横山光輝	日の丸	9-7	36, 6
少年ロケット部隊	横山光輝	日の丸	9-11	36, 10
少年ロケット部隊	横山光輝	日の丸	不詳	不詳
少女ブック新年増刊		少女ブック	9-2	34, 1
母のひみつ	杜山悠案　西奈貴美子			
大空の祈り	神埼あきら	少女ブック	10-11	35, 9
白馬の少女	わたなべまさこ	少女ブック	11-8	36, 6
白馬の少女	わたなべまさこ	少女ブック	11-9	36, 7
エリの赤い靴	西奈貴美子	少女ブック	11-8	36, 6
エリの赤い靴	西奈貴美子	少女ブック	11-9	36, 7
山びこ少女	わたなべまさこ	少女ブック	4月号	不詳
くじゃく笛のなぞ	とりうみやすと	りぼん	4-5	33, 4
おはようコロタン	藤山のぼる	りぼん	5-1	34, 1
虹のかなたに	益子かつみ			
まりっぺ先生	赤塚不二夫	りぼん	5-6	34, 5
まるみちゃん	野呂新平			
春はいつくる	多久まこと			
ハリキリヤッちゃん	藤木輝美	りぼん	6-9	35, 6
おてんば天使	横山光輝	りぼん	6-15	35, 12

少年画報社

ビリーパック	河島光広	少年画報	13-8	34, 12
ビリーパック	河島光広	少年画報	13-9	34, 12
ビリーパック	河島光広	少年画報	13-11	34, 12
ビリーパック	河島光広	少年画報	14-1	36, 1
ビリーパック	河島光広	少年画報	14-2	36, 2
ビリーパック	河島光広	少年画報	14-5	不詳､12
ビリーパック	河島光広	少年画報	14-7	36, 7
ビリーパック	河島光広	少年画報	14-8	36, 8

走れ白バイ	九里一平	少年ブック	12-11	35, 10
海底戦隊	小沢さとる	少年ブック	13-11	36, 9
海底戦隊	小沢さとる	少年ブック	13-13	36, 11
少年 NO1	関谷ひさし	少年ブック	12-8	35, 7
少年 NO1	関谷ひさし	少年ブック	12-11	35, 10
少年 NO1	関谷ひさし	少年ブック	12-12	35, 11
少年 NO1	関谷ひさし	少年ブック	13-1	36, 1
少年 NO1	関谷ひさし	少年ブック	13-5	36, 5
少年 NO1	関谷ひさし	少年ブック	13-7	36, 6
少年 NO1	関谷ひさし	少年ブック	13-13	36, 11
CQ！ペット 21！	芳谷圭児	少年ブック	12-12	35, 11
ローハイド	本山シゲル	少年ブック	13-5	36, 4
鞍馬天狗	大佛二郎原作　岡友彦え	少年ブック	12-7	35, 6
忍者城	川崎のぼる	少年ブック	13-13	36, 11
ゼロの秘密	作高橋昇之助　え川崎のぼる	少年ブック	13-8	36, 7
青空源平	下山長平	おもしろブック	11-9	34, 7
少年ホーク	阿蘭脱人	おもしろブック	11-14	34, 11
怪傑白マント	荘司としお	おもしろブック	11-14	34, 11
日の丸くん	大友朗	日の丸	8-5	35, 4
日の丸くん	大友朗	日の丸	8-13	35, 12
日の丸くん	大友朗	日の丸	9-3	36, 2
日の丸くん	大友朗	日の丸	9-5	36, 4
日の丸くん	大友朗	日の丸	9-7	36, 6
少年旋風児	岸本修	日の丸	8-13	35, 12
少年旋風児	岸本修	日の丸	9-3	36, 2
少年旋風児	岸本修	日の丸	9-5	36, 4
少年旋風児	岸本修	日の丸	6 月号	36, 6
少年旋風児	岸本修	日の丸	9-11	36, 10
タッチくん	くぼたまさみ	日の丸	9-11	36, 10
ベビー・テック	桑田次郎	日の丸	8-13	35, 12
ベビー・テック	桑田次郎	日の丸	9-3	36, 2
ナンバーセブン	手塚治虫	日の丸	9-5	36, 4
ナンバーセブン	手塚治虫	日の丸	9-7	36, 6
ナンバーセブン	手塚治虫	日の丸	9-11	36, 10
かけだせダッシュ！	石森章太郎	日の丸	9-3	36, 2

ぼくらの親友火星ちゃん	わちさんぺい	少年ブック	12-9	35, 8
ぼくらの親友火星ちゃん	わちさんぺい	少年ブック	12-11	35, 10
ぼくらの親友火星ちゃん	わちさんぺい	少年ブック	13-1	36, 1
ぼくらの親友火星ちゃん	わちさんぺい	少年ブック	13-3	36, 2
ぼくらの親友火星ちゃん	わちさんぺい	少年ブック	13-5	36, 4
ぼくらの親友火星ちゃん	わちさんぺい	少年ブック	13-7	36, 6
ぼくらの親友火星ちゃん	わちさんぺい	少年ブック	13-11	36, 9
ぼくらの親友火星ちゃん	わちさんぺい	少年ブック	13-13	36, 11
くりくり投手	貝塚ひろし	少年ブック	12-8	35, 7
くりくり投手	貝塚ひろし	少年ブック	12-9	35, 8
くりくり投手	貝塚ひろし	少年ブック	12-11	35, 10
くりくり投手	貝塚ひろし	少年ブック	13-1	36, 1
くりくり投手	貝塚ひろし	少年ブック	13-5	36, 4
くりくり投手	貝塚ひろし	少年ブック	13-7	36, 6
くりくり投手	貝塚ひろし	少年ブック	13-13	36, 11
熱血カクタス	作双葉十三郎　え榎本有也	少年ブック	13-1	36, 1
熱血カクタス	作双葉十三郎　え榎本有也	少年ブック	13-3	36, 2
名犬アレックス	原作樫原一郎　え榎本有也	少年ブック	12-8	35, 7
名犬アレックス	原作樫原一郎　え榎本有也	少年ブック	12-9	35, 8
名犬アレックス	原作樫原一郎　え榎本有也	少年ブック	12-11	35, 10
黄金孔雀城	作北村寿夫　え三島みちひこ	少年ブック	12-8	35, 7
黄金孔雀城	作北村寿夫　え三島みちひこ	少年ブック	12-9	35, 8
黄金孔雀城	作北村寿夫　え三島みちひこ	少年ブック	12-11	35, 10
黄金孔雀城	作北村寿夫　え三島みちひこ	少年ブック	12-12	35, 11
ジュードー・ボーイ	原作新井豊　構成吉田竜夫　え九里一平	少年ブック	13-1	36, 1
ジュードー・ボーイ	原作新井豊　構成吉田竜夫　漫画九里一平	少年ブック	13-3	36, 2
ジュードー・ボーイ	新井豊原作	少年ブック	13-5	36, 4
ジュードー・ボーイ	新井豊原作　吉田竜夫構成　九里一平え	少年ブック	13-7	36, 6
ジュードー・ボーイ	新井豊原作　吉田竜夫構成　九里一平漫画	少年ブック	13-11	36, 9
ジュードー・ボーイ	新井豊原作　吉田竜夫構成　九里一平漫画	少年ブック	13-13	36, 11

K-200	ダイヤル110番	芳谷圭児	集英社	不詳
無記号	顔　25	城たけし他	エンゼル文庫	不詳
無記号	鬼火　怪談ブック別冊	東京作画会	一晃社	年記無
無記号	鬼太郎夜話　2	水木しげる	三洋社	年記無
無記号	東海道三国志	香山ふみお	東京漫画出版社	年記無
無記号	しらかば　別冊　4		東京漫画出版社	年記無
無記号	七人の特攻隊	長谷邦夫	曙出版	年記無
無記号	こだま　1	渡辺まさ子他	若木書房	35, 1
無記号	ぼくは見たのだ	山森ススム	すずらん出版社	年記無
無記号	こぐま　1	草野しげる他	三洋社	年記無
無記号	花　17		わかば書房	年記無
無記号	孔雀姫	池田弘	太平洋文庫	35, 3
無記号	別冊ハイティーン	生と死	曙出版	年記無
無記号	みどりの真珠　NO2	川内康範原作　わたなべまさこ画	若木書房	35,3

【付録マンガ】（無記号）

集英社

ブルージェット	堀江卓	少年ブック	12-7	35, 6
ブルージェット	堀江卓	少年ブック	12-8	35, 7
ブルージェット	堀江卓	少年ブック	12-9	35, 8
ブルージェット	堀江卓	少年ブック	12-11	35, 10
ブルージェット	堀江卓	少年ブック	13-1	36, 1
ブルージェット	堀江卓	少年ブック	13-3	36, 2
ブルージェット	堀江卓	少年ブック	13-5	36, 4
ブルージェット	堀江卓	少年ブック	13-7	36, 6
名馬アリッカ	浜慎二	少年ブック	12-12	35, 11
名馬アリッカ	浜慎二	少年ブック	13-1	36, 1
名馬アリッカ	浜慎二	少年ブック	13-3	36, 2
名馬アリッカ	浜慎二	少年ブック	13-5	36, 4
名馬アリッカ	浜慎二	少年ブック	13-7	36, 6
名馬アリッカ	浜慎二	少年ブック	13-8	36, 7
めざすは横綱天下太平	大友朗	少年ブック	12-8	35, 7
横綱めざす天下太平	大友朗	少年ブック	12-9	35, 8

I-46	白鳥　8	田中美智子他	セントラル出版社	不詳
I-49	東京チャキチャキ娘	第2巻　杉浦幸雄	きんらん社	不詳
I-51	青い十字架　前編	牧美也子	東光堂	年記無
I-58	東京行進曲　第2部	大鹿ひであき	きんらん社	33, 5
I-117	ヒトミちゃん　第3集	杉浦幸雄	きんらん社	34, 7
I-137	玉よいづこに	大庭さち子原作・渡辺まさ子画	若木書房	34, 1
I-140	花　8		わかば書房	年記無
I-237	青い鳥　2	高橋真琴他	あかしや書房	年記無
I-257	美しのワルツ	吉田たかし	東洋漫画出版社	年記無
I-259	少女　1	牧かずま他	東洋漫画社	34, ?
J-30	闇キチガイ館の妖鬼	望月信次	巴出版	不詳
J-33	暗殺者	まつだひろじ	不詳	不詳
J-47	光	よしたに圭児	金園社	33, 2
J-48	見えない敵	阿久津潔	文洋社	年記無
J-74	地獄の港	はぎわらこうじ他	すずらん漫画出版社	年記無
K-16	研ちゃんの宇宙旅行	司孝平	泰光堂	32, 1
K-45	合成ウラン X181	横田ただし	金園社	32, 10
K-55	ジャングル・ジム　3	小坂靖弘	トモブック社	32, 11
K-69	ごくらく長屋	前谷惟光	寿書房	年記無
K-74	ロボットくん	前谷惟光	寿書房	年記無
K-79	トッピ博士	前谷惟光	寿書房	年記無
K-118	ロボットくん　3巻	前谷惟光	寿書房	年記無
K-119	矢車剣之助　2	堀江卓	光文社	34, 5
K-122	洞窟の敵	ディズニーブック	トモブック社	33, 3
K-125	でかんしょ武士　第8部　湖畔の宿の巻	松下井知夫作	きんらん社	34, 7
K-126	ハイティーン　5		曙出版	年記無
K-128	少年Gメン Z5号　1	藤田茂画	トモブック社	不詳
K-131	ドンちゃん　第2巻	中川組太郎	きんらん社	33, 1
K-145	ルパン全集　2　奇厳城	小坂靖弘	トモブック社	33, 8
K-147	巨人軍物語　1	笹山正恒画	若木書房	34, 2
K-176	七色仮面　第7集	原作川内康範	鈴木出版	35, 3
K-195	七色仮面　第5集	原作川内康範	鈴木出版	35, 1

G-148	時代劇ブック　13		太平洋文庫	不詳
G-151	ハイティーン　別冊　都会の断層		曙出版	年記無
G-156	ハイティーン　2巻5号　通巻17号		曙出版	年記無
G-157	ハイティーン　別冊　白銀の掟		曙出版	年記無
G-159	鮮血氷海作戦	東京作画会	兎月書房	年記無
G-162	ローティーン　6		曙出版	年記無
G-185	お笑天国　2	にしなさだお他	東京漫画出版社	年記無
G-189	お笑いチャンピオン　1	杉浦茂他	東京漫画出版社	年記無
G-190	お笑い教室　第4集	寺田ヒロオ他	きんらん社	35, 1
G-193	私のグチ日記	よりた・井上	きんらん社	35, 12
G-200	スピードNO1　1	荘司としお他	きんらん社	35, 7
G-202	ローティーン　8		曙出版	年記無
G-213	爆笑ブック新年号	にしなさだお他	東京漫画出版社	年記無
G-214	あまから日記　第2集		きんらん社	34, 12
G-217	爆笑ブック　11	滝田ゆう他	東京漫画出版社	年記無
G-221	前谷惟光漫画全集　18　ぼくはロボット		寿書房	年記無
G-223	超音　2		不詳	34, 11
G-224	ごきげんブック　1	宇田川雅男他	すずらん出版社	年記無
H-47	どんぐり天狗　第3巻	うしおそうじ	鈴木出版	32, 4
H-56	銭形平次捕物控　第16巻　怪盗系図の巻	渡辺広光	曙出版	34, 2
H-57	池田大助捕物帖　第8巻	伊藤正樹	曙出版	不詳
H-61	小天狗霧太郎　第1巻	山下タメオ	寿書房	年記無
H-66	春風夢之助　第2巻	前谷惟光	寿書房	年記無
H-71	でかんしょ武士　第3部　おばこ姫の巻	松下井知夫作	きんらん社	33, 7
H-129	戦国群盗伝	大泉北斗	金園社	32, 7
H-142	拳骨権兵衛　1	田川水泡	太平洋文庫	31, 1
H-143	燃ゆる不知火	大石広計	つばめ出版	年記無
H-163	地獄から来た刺客	大石広計	つばめ出版	年記無
H-197	大菩薩峠　第1巻　風雲の巻	酒井・一峰	金園社	33, 3
H-221	こい姫と紫若衆　第2集	原作川内康範	鈴木出版	34, 7
H-228	雪之丞変化　第2巻　飛鳥の巻	久呂田まさみ	金園社	年記無
H-229	雪之丞変化　第3巻　鬼面の巻	久呂田まさみ	金園社	年記無

F-295	怪奇	東京作画会	セントラル出版社	年記無
F-298	鐘鳴れば人が死ぬ	松本・桜井	セントラル出版社	年記無
F-300	大都会　11　別冊　地獄階段	あがさこうじ他	一晃社	年記無
F-311	ミドナイ　4	松本正彦他	金園社	年記無
F-312	街　3　姉妹編　追われる	佐藤まさあき	セントラル出版社	年記無
F-315	怪談ブック　10	黒田和夫他	一晃社	年記無
F-323	街　別冊 1, 2, 3	石川フミヤス他	セントラル出版社	年記無
F-不詳	街　1, 2, 3(9)	松本正彦他	セントラル出版社	年記無

G-15	恐怖 1	松本正彦	不詳	不詳
G-20	剣法　第 2 集	沢田竜治他	エンゼル文庫	不詳
G-23	少年戦記　11	水木しげる他	兎月書房	年記無
G-25	妖精　2	彩田あきら他	エンゼル文庫	年記無
G-30	まさむねくん　第 2 集	山根赤鬼・青鬼	きんらん社	年記無
G-33	世界戦記　6		セントラル出版社	年記無
G-35	街　47		セントラル出版社	不詳
G-40	ああ神風	ヒモトタロウ	曙出版	年記無
G-50	戦記画報　別冊　8		曙出版	年記無
G-69	あまから日記　第 8 集	西沢まもる他	きんらん社	35, 4
G-84	戦争　7	戦記漫画作家会	あかしや文庫	年記無
G-86	お笑い天国　3	滝田ゆう他	東京漫画出版社	年記無
G-92	前谷惟光漫画全集　第 1 集　ロボット三等兵		寿書房	不詳
G-94	クラスおてんば日記　第 12 集	西沢まもる他	きんらん社	34, 11
G-97	太平洋作戦		あかしや文庫	不詳
G-106	ハイティーン　別冊	アメリカの十代	曙出版	年記無
G-110	ハイティーン　別冊	別れの歌	曙出版	年記無
G-112	ローティーン　1		曙出版	年記無
G-114	ティーンエージャー　11		曙出版	年記無
G-116	戦記画報　8		曙出版	年記無
G-120	ティーンエージャー　別冊	幸あれ友よ	曙出版	年記無
G-126	ティーンエージャー	別冊　若き生命	曙出版	年記無
G-127	ティーンエージャー	別冊　12	曙出版	年記無
G-130	ハイティーン　第 2 巻 3 号　通巻 15 号		曙出版	年記無
G-140	ティーンエージャー	別冊　青き星座	曙出版	年記無
G-142	前谷惟光漫画全集　14　食糧難の巻		寿書房	年記無

F-174	魔天楼　14	さいとうたかを他	兎月書房	年記無
F-176	黒い影　別冊	石川フミヤス他	三洋社	年記無
F-180	顔　20	佐藤まさあき他	エンゼル文庫	年記無
F-181	影　47集−第1部	さいとうたかを他	日の丸文庫	不詳
F-186	オール怪談　2(特大版マンガ)		ひばり書房	年記無
F-191	漫画スリラー　NO4　(特大版マンガ)		ひばり書房	年記無
F-192	漫画スリラー　NO2　(特大版マンガ)		ひばり書房	年記無
F-194	点線　顔別冊　NO4	さいとうたかを他	エンゼル文庫	年記無
F-198	迷路　12	遠藤政治他	若木書房	34, 10
F-199	迷路　13	つげ義春他	若木書房	34, 11
F-200	鉄拳旋風児　城戸禮原作漫画シリーズ1　浅草三郎より	若林てつひろ	金園社	年記無
F-202	殺人鬼の爪痕	福田三省	ひばり書房	年記無
F-206	顔　22	山森ススム他	エンゼル文庫	不詳
F-206	(番号重複)アリバイ　3	松本正彦他	すずらん出版社	年記無
F-209	街　29　(奥付には28号とある)	さいとうたかを他	セントラル出版社	年記無
F-212	東京午前0時	瓦公男	コメット書房	年記無
F-214	青春乱舞	西村英夫他	兎月書房	年記無
F-216	影　別冊　推理特集	影丸譲也他	日の丸文庫	35, 9
F-223	ボス	望月あきら他	すずらん出版社	年記無
F-225	ナンバー1　創刊号	石川フミヤス他	兎月書房	年記無
F-230	影丸伝　9	白土三平	三洋社	不詳
F-230	(番号重複)怪談ブック　4	柴田みのる他	一晃社	年記無
F-233	探偵怪奇　10	東京作画会	あかしや文庫	年記無
F-241	NO1　2	さいとうたかを他	兎月書房	年記無
F-243	顔　23	石川フミヤス他	エンゼル文庫	年記無
F-250	不完全犯罪	小笠原一夫他	コメット書房	年記無
F-256	Gメン　別冊　2		トップ社	年記無
F-258	魔天楼　別冊(特大版マンガ)		兎月書房	年記無
F-259	街　別冊(特大版マンガ)	セントラル出版社	年記無	
F-274	街　別冊1, 2, 3　12集	永島慎二他	セントラル出版社	年記無
F-275	黒い街	南波健二他	わかば書房	年記無
F-289	熱血男児　13		セントラル出版社	年記無
F-290	影　別冊	山本一夫他	日の丸文庫・光映社	年記無

F-5	影　夏の別冊特大号　(特大版マンガ)		日の丸文庫	年記無
F-10	どんどろ月夜	本多恒美他	三洋社	年記無
F-11	白と黒　6	江川進也	東光堂	不詳
F-26	影　42 集第 3 号	水島新司他	日の丸文庫	35, 3
F-28	顔　15	辰巳ヨシヒロ他	エンゼル文庫	年記無
F-31	二十五時　5		きんらん社	34, 10
F-35	妖霊　2	作画陽気幽平	兎月書房	年記無
F-43	推理　3	古屋明朗他	中村書店	34, 10
F-48	探偵ブック黄色い手	王冠マンガ同人	王冠マンガ社	年記無
F-54	断崖　4	等々力まさかつ他	中村書店	34, 10
F-60	二十五時　実話特集号別冊 1		きんらん社	34, 9
F-60	(番号重複) 街別冊　1, 2, 3　13 集	山本一夫他	セントラル出版社	年記無
F-62	野獣街　3	佐藤まさあき他	エンゼル文庫	年記無
F-67	ボス　4	佐藤まさあき他	すずらん出版社	年記無
F-71	街別冊 1, 2, 3　4 集	松本正彦他	セントラル出版社	年記無
F-79	虹　13		金竜出版社	年記無
F-80	眼　6	ミステリーグループ	きんらん社	34, 10
F-85	炎　3	手塚治虫他	東光堂	年記無
F-89	影　通巻 43 集第 4 巻		日の丸文庫	35, 4
F-97	拳銃に生きる	城たけし	わかば書房	年記無
F-101	月光　3	まつのたけし他	兎月書房	年記無
F-102	裁判　1	咲花洋一	中村書店	年記無
F-106	γ　ガンマ　2	さいとうたかを他	わかば書房	年記無
F-107	狂う弾丸	佐藤まさあき	セントラル出版社	年記無
F-123	眼　4　最終回	ミステリーグループ	きんらん社	34, 8
F-127	影　44 集	辰巳ヨシヒロ他	日の丸文庫	年記無
F-134	街 39	さいとうたかを他	セントラル出版社	年記無
F-136	ガン　3 集		トモブック社	34, 11
F-138	絶壁　部長刑事	田坂晴美他	兎月書房	年記無
F-150	顔　別冊 4 号	山森ススム他	エンゼル文庫	年記無
F-162	街　別冊 1,2, 3　6 集	松本正彦他	セントラル出版社	年記無
F-163	顔　19		エンゼル文庫	年記無
F-164	G メン　5	永島慎二他	トップ社	年記無
F-166	影　46 集－第 2 部	水島新司他	日の丸文庫	35, 7

E-113	泉　8		若木書房	35, 8
E-125	白鳥の瞳	高山のぼる	若木書房	35, 1
E-125	（番号重複）ジュニアフレンド 12	星城朗二	東京漫画出版社	年記無
E-132	愛の瞳	牧千恵子	東京漫画出版社	年記無
E-141	すみれ　7	谷悠紀子他	金竜出版社	年記無
E-143	花のふるさと	たかとらゆり	若木書房	年記無
E-168	花の香忘れじ	朝丘マキ	東京漫画出版社	年記無
E-179	泉　11		若木書房	35, 11
E-180	小さな花たば	田中美智子	金竜出版社	年記無
E-183	ゆめ　別冊 3	巴里夫他	若木書房	年記無
E-189	泉　12	わたなべまさ子	若木書房	35, 12
E-197	わが子わが母	美鈴紅二	東邦漫画出版社	年記無
E-201	ゆめ　12	巴里夫	若木書房	年記無
E-203	白樺物語	竹本みつる	若木書房	年記無
E-207	青い風がふいてゆく	赤松セツ子	若木書房	年記無
E-219	ゆめ　2	赤松セツ子他	若木書房	不詳
E-231	こけし　6	田中美智子他	若木書房	34, 12
E-233	今日はお嬢さん	小笠原絢子	東邦漫画出版社	年記無
E-256	やまびこ　2		すずらん出版社	年記無
E-258	泉のおねがい　11	小林健一	若木書房	34, 10
E-259	ひとりぼっちの母	星ひかる	東京漫画出版社	年記無
E-276	花　14		わかば書房	年記無
E-277	星に祈る少女	なるみあきら	トップ社	年記無
E-284	ゆめ　5		若木書房	年記無
E-285	雪ぞらはれて	赤松セツ子	東邦漫画出版社	年記無
E-286	別れの夜曲	星城朗二	東京漫画出版社	年記無
E-292	天に祈る　6	中西みちお	若木書房	34, 8
E-296	星への誓い	津々美啓介	一晃社	年記無
E-306	マリアの瞳	城山ひろし他	金園社	年記無
E-311	別冊　虹	田中美智子他	金竜出版社	年記無
E-312	花　19		わかば書房	年記無
E-317	母と行く道	谷ゆきお他	東京漫画出版社	年記無
E-323	ゆめ　11		若木書房	年記無
E-324	少女ロマンス　3	丘ゆうこ他	コメット書房	年記無

D-280	魔像　40集	岩井しげお他	日の丸文庫	36, 4
D-281	隠密妖奇伝	オオトモヨシヤス他	一晃社	年記無
D-285	変幻夢想剣	大村功他	兎月書房	年記無
D-296	忍者人別帖　1	白土三平	東邦漫画出版社	年記無
D-298	忍法水滸伝	一文字別冊	セントラル出版社	年記無
D-300	大和川の侍　魔像別冊		日の丸文庫	36, 7
D-301	斬る　4	辰巳ヨシヒロ他	セントラル出版社	年記無
D-305	妖奇伝	オオトモヨシヤス	中村書店	年記無
E-1	泉　6		若木書房	35, 6
E-2	セレナーデ	松尾美穂子他	東京漫画出版社	年記無
E-3	こけし　9		若木書房	年記無
E-4	泉　18	わたなべまさ子他	若木書房	34, 11
E-7	虹　10	楳図かずお他	金竜出版社	年記無
E-10	ボンジュール	小山葉子他	東京漫画出版社	年記無
E-15	血笑　2		太平洋文庫	不詳
E-30	真珠　7	花村えい子他	金園社	年記無
E-30	(番号重複)いばらを越えて	永樹凡人	東京漫画出版社	年記無
E-33	夢みる花かご	伊藤澄子作画	金園社	年記無
E-35	探偵怪奇　6		あかしや文庫	不詳
E-43	こけし	田中美智子他	若木書房	35, 3
E-50	母さんふたり	三条こみち	東邦漫画出版社	年記無
E-55	天使	いそじましげじ他	不詳	不詳
E-56	こけし　4	田中美智子他	若木書房	34, 4
E-57	母よわが胸に	小川みどり	東京漫画出版社	年記無
E-60	忘れな草　1	朝丘マキ他	東京漫画出版社	年記無
E-60	(番号重複)　希望　2	横山光輝他	東光堂	年記無
E-64	星は見ている　前編	谷川一彦	兎月書房	年記無
E-68	泉　5	今村洋子他	若木書房	35, 5
E-71	ゆめ　5	今村洋子他	若木書房	年記無
E-86	ジュニアロマンス　3	赤松セツ子他	中村書店	年記無
E-95	乙女の祈り	東京漫画出版社	年記無	
E-96	泉　7		若木書房	35, 7
E-104	母星小星	田中美智子	やなぎ書房	年記無
E-112	虹　15	楳図かずお他	金竜出版社	年記無

D-96	忍風　3	白土三平他	三洋社	不詳
D-100	忍法一揆	久留見幸守	一晃社	年記無
D-101	剣豪往来別冊　武芸 4	入江修他	文洋社	年記無
D-110	剣豪伝　5 集		東邦漫画出版社	不詳
D-111	忍者血笑記	吉田松美	わかば書房	年記無
D-113	無双　4	渡辺正美他	兎月書房	年記無
D-114	闘魂　1		トップ社	年記無
D-115	斬る　2	佐藤まさあき他	セントラル出版社	年記無
D-118	時代列伝集　7　忍者特集	岩井しげお他	金竜出版社	年記無
D-122	赤狼の城　魔像別冊	岩井・平田	日の丸文庫	35, 8
D-123	忍者秘帳　1	つげ義春	若木書房	年記無
D-146	忍者太平記		兎月書房	年記無
D-160	忍者砦の群狼	村橋わたる	わかば書房	年記無
D-163	別冊影法師	井口よしみつ他	東邦漫画出版社	年記無
D-176	闇　第 1 集	司孝平他	太平洋文庫	35, 3
D-192	赤穂吹雪　魔像別冊		日の丸文庫	35, 11
D-193	天下を斬る武士　魔像別冊		日の丸文庫	35, 10
D-201	新作怪談	竹田慎平他	すずらん出版社	年記無
D-202	忍者秘帳　2	つげ義春	若木書房	年記無
D-203	時代推理特集　別冊魔像	原田良一他	日の丸文庫	35, 12
D-205	武士道無惨	青木末雄	東邦漫画出版社	年記無
D-208	忍風　別冊 4	つげ義春他	三洋社	年記無
D-213	時代劇ブック　4	司孝平他	太平洋文庫	34, 12
D-225	忍剣　5	さいとうたかを他	ひばり書房	年記無
D-235	斬新	ふじはら利彦他	エンゼル文庫	年記無
D-236	鬼　3	いなば哲他	金竜出版社	年記無
D-238	兵法　9		一晃社	年記無
D-244	魔像　37	岩井しげお他	日の丸文庫	36, 1
D-250	鬼　4　日本怪談全集	岩井しげお他	金竜出版社	年記無
D-255	まぼろし城奇談	吉田松美	わかば書房	年記無
D-263	無双　1	辰巳ヨシヒロ他	兎月書房	年記無
D-265	影丸伝　6	白土三平	三洋社	不詳
D-269	剣のみぞ知る　地の巻完結編	社領系明	文洋社	年記無
D-274	せむし	池田弘	太平洋文庫	35, 5
D-278	殺陣　3	村橋わたる他	文洋社	年記無

無記号	ジゴバ博士　前編	大森康由	島村出版社	34, 4
無記号	母よぶこだま	関利一	島村出版社	34, 2
無記号	夕月の乙女	堀川いさお	島村出版社	不詳
無記号	覆面突撃隊	堀万太郎	あかしや書房	34, 1
無記号	遠い雲白い雲　前編	白井豊	東光堂	年記無
無記号	竹野しんぞう君　第１巻	秋好馨	文陽社	年記無
無記号	恐怖の怪獣人	木島啓造	三島書房	年記無
無記号	傷ついた白鳥	山室たけし	東京漫画出版社	34, 1
無記号	夜光る影	池田弘	太平洋文庫	34, 10
無記号	母とみる夢	せきりいち	若木書房	34, 2
無記号	山びこ少女	わたなべまさ子	少女ブック４月号付録　集英社	不詳
無記号	魔の縄梯子	森川賢一	太平洋文庫	不詳
無記号	剣と少年　前編	社領系明	東光堂	年記無
無記号	剣と少年　后編	社領系明	東光堂	年記無
無記号	どくろの門	渡辺一	太平洋文庫	34, 9
無記号	密雲をついて	不詳	曙出版	33, 2

記号	書名	作者	出版社	発行年月
【A 版マンガ】				
D-2	どくろ　4	秋野文俊	太平洋文庫	不詳
D-8	無双　2	さいとうたかを他	兎月書房	年記無
D-11	魔剣　5	不詳	あかしや文庫	不詳
D-27	仇討無惨帳	白土三平	東邦漫画出版社	年記無
D-32	剣陣　第６集　武芸別冊	後恵二郎他	文洋社	年記無
D-35	旗本無法侍	竹中半三	弁天書房	年記無
D-41	忍法無慚帳	徳南晴一郎	曙出版	年記無
D-44	武芸　13	いなば哲他	文洋社	年記無
D-46	四十万石の執念　魔像別冊		日の丸文庫	35, 4
D-51	忍法　隠密特集	後恵二郎他	金竜出版社	年記無
D-62	一文字		セントラル出版社	不詳
D-70	魔像　29 集	平田弘史他	日の丸文庫	35, 6
D-80	非恨	水戸三郎	あかしや文庫	年記無
D-89	龍虎　6		トップ社	年記無
D-92	一文字　4		セントラル出版社	年記無
D-93	魔像　30 集	平田弘史他	日の丸文庫	35, 6

J-132	妖髪魔	古谷あきら	ひばり書房	年記無
J-133	錆びたナイフ　第6集	探偵作家グループ	昌和漫画出版社	34, 1
J-136	四本指の男	高枝三郎	あかしや書房	34, 7
J-138	やられる!!	南あかね	金園社	年記無
K-3	ピンボケ先生	松本正彦	朝日漫画社	年記無
K-3	(時代小説) 風流使者　下巻	五味康祐	新潮社	34, 8
K-4	サラリーマン出世太閤記まんが物語　第2部	笹原良三作・平村文男画	不詳	33, 7
K-8	新編黄金バット　前編	井上智	中村書店	33, 12
K-22	シューベルト	のぎゆきお画	泰光堂	30, 4
K-30	戦艦武蔵の死闘	ヒモトタロウ	曙出版	34, 5
K-38	カックン親父　第5集	滝田ゆう	東京漫画出版社	年記無
K-42	勝利の翼		曙出版	34, 1
K-48	弁慶君頑張る	池田弘	オリオン社	年記無
K-50	恐怖の遊星魔人	東真一郎	暁星	年記無
K-59	太陽に向って	中城健夫	島村出版社	不詳
K-60	デン助の長屋も天獄 4	白路透画	トモブック社	33, 9
K-62	死の海戦	大森康由	島村出版社	34, 3
K-66	ビリーパック 8	河島光広	少年画報社	35, 2
K-67	まぼろし探偵　第10巻	桑田次郎	少年画報社	不詳
K-81	あまから一家　第3集	大石良平	東京漫画出版社	年記無
K-96	燃えろグラマン	吉田公麿	日本漫画社	不詳
K-99	壮烈!! 沖縄に散る　暁の突入	水木しげる	兎月書房	年記無
K-100	決戦の大空	伊藤正樹	曙出版	不詳
K-109	まぼろし探偵　第11巻	桑田次郎	少年画報社	35, 6
K-120	サザエさん　第33巻	長谷川町子	姉妹社	35, 8
K-141	海軍珍勇士	宇田川雅夫	曙出版	33, 7
K-164	黒帯三四郎・暁の対決(合本 作者名なし)		メトロ漫画出版社	年記無
K-170	決戦の防衛軍	サッサ幸	曙出版	33, 7
K-171	少年ジェット 1	竹内つなよし	講談社	不詳
K-179	サザエさん　第21巻	長谷川町子	姉妹社	32, 4
K-182	サザエさん　第4巻	長谷川町子	姉妹社	不詳
K-186	サザエさん　第28巻	長谷川町子	姉妹社	34, 5
K-249	秘剣八文字	磯谷あきら	太平洋文庫	34, 2

J-9	荒野の脱出	織田のりよし	中村書店	33, 9
J-12	少女と殺人鬼	鈴木まこ	中村書店	34, 2
J-25	謎の不良外人	サツキ貫太	裕文社	年記無
J-51	地獄の顔	高橋一郎	東洋漫画出版社	年記無
J-54	吸血鬼二重仮面	水戸左近	暁星	年記無
J-57	奴をバラせ	笹尾良介	東洋漫画出版社	年記無
J-59	恐怖の殺人	山口秀雄	東洋漫画出版社	年記無
J-60	二度死んだ男	江戸川きよし	曙出版	34, 7
J-63	あれはボクの顔だ	深井日郎	若木書房	33, 12
J-64	ダイヤと殺人鬼	吉田竜美	暁星	年記無
J-66	夜の嵐	池田弘	三協出版社	年記無
J-67	犯人は誰だ	石川フミヤス	三協出版社	年記無
J-81	夜の牙　大石まどか探偵グループ		ひばり書房	年記無
J-83	見たのは誰だ	佐藤まさあき	セントラル出版社	年記無
J-86	恐怖　作画山本二三男　ケイ堀内　谷わたる		東邦漫画出版社	33, 7
J-88	仮面天使　第１巻	作画竹田慎平	きんらん社	34, 8
J-89	殺し屋は俺だっ	佐藤まさあき	わかば書房	不詳
J-89	(番号重複) 仮面天使　第２巻	作画竹田慎平	きんらん社	34, 10
J-90	私は消えてゆく　前編	辰巳ヨシヒロ	わかば書房	不詳
J-91	山彦に聞け	山森ススム	セントラル出版社	年記無
J-92	嵐の中を突っ走れ　後篇	江波たけお	昌和漫画出版社	34, 1
J-93	拳銃と黄金	山口秀雄	暁星	年記無
J-95	魔の廊下	大森康由	島村出版社	34, 4
J-98	夜の牙　第３集		ひばり書房	年記無
J-100	夜の牙　第５集		ひばり書房	年記無
J-102	嵐呼ぶ十三夜	籠島良弘	若木書房	34, 3
J-108	少年保安官	戸山潤	オリオン社	年記無
J-109	七人の探偵	村井潤三	オリオン社	年記無
J-114	殺人鬼を逃がすな	長谷邦夫	曙出版	33, 9
J-117	真空地帯	武淵たけし	金園社	33, 9
J-118	斗魂	金山明博	三幸出版社	年記無
J-121	炎と仮面	若林てつひろ	金園社	年記無
J-122	暗黒街の顔	土辺三郎	金園社	年記無
J-128	拳銃無法街	有川栄一	わかば書房	年記無

I-219	母山桜	竹田慎平	エトワール社	不詳
I-220	月光仮面 2	桑田次郎		不詳
I-221	泣くな京人形	梅原きよし	若木書房	年記無
I-224	愛の花かげ	河本おさむ	エトワール社	年記無
I-231	瞳はぬれて	高山のぼる	若木書房	34, 5
I-232	朝やけの丘	大石良平	若木書房	34, 4
I-233	水色のひとみ	彩田あきら	若木書房	34, 3
I-240	母水晶	片岡芳太郎	若木書房	年記無
I-241	富士のみえる道	丸山妙子	若木書房	34, 5
I-246	夢見る白鳥	赤松せつ子	若木書房	34, 2
I-247	落葉の少女	芳谷圭児	金園社	年記無
I-248	夜空に星が	田中美智子	若木書房	34, 5
I-252	よろこびの星座	小坂靖博		34, 5
I-253	影なき少女	工藤市郎	若木書房	34, 6
I-255	なげきの聖女	藤江久仁夫	若木書房	不詳
I-262	月夜にいのる	大石良平	若木書房	34, 7
I-266	続夢淡き星影	山口秀雄	東洋漫画出版社	年記無
I-270	母さん星の歌	大塚三郎	若木書房	34, 7
I-277	雪よりも清く	森千秋	若木書房	34, 6
I-279	まりもちゃん	千草みどり	若木書房	34, 6
I-281	かなしき祈り	あがさこうじ	若木書房	34, 6
I-288	星よきえないで　後編	松本あきら	東邦漫画出版社	35, 7
I-292	お母さん先生	保谷よしぞう	東京漫画出版社	34, 7
I-294	失われた幸福	中島けんきち	東京漫画出版社	不詳
I-297	踊り子姉妹	滝田ひろし	東京漫画出版社	33, 11
I-300	母の湖	花園よしお	東京漫画出版社	34, 3
I-305	慕情の曲	永樹凡人	東京漫画出版社	34, 3
I-308	嘆きの白菊	泉みどり	東京漫画出版社	年記無
I-311	野菊の妹	永樹凡人	東京漫画出版社	年記無
J-1	白線の仮面	江戸川きよし	曙出版	34, 6
J-3	地獄の水	東真一郎	暁星	年記無
J-4	まぼろし令嬢　第 4 部	作画竹田慎平	きんらん社	34, 2
J-5	悪魔の仮面	木田晶三	曙出版	33, 9
J-6	怒涛の街	ひらいまさね	金園社	33, 3

I-104	続夕ぐれのうた	小倉たかし	東京漫画出版社	33, 10
I-106	母よ嘆く勿れ	辺見英児	オリオン社	不詳
I-109	白ばら紅ばら	田中美智子	三島書房	年記無
I-111	夢みる白鳥	金光しげる	兎月書房	33, 4
I-112	歌声よ永遠に	志岐としひこ	若木書房	34, 1
I-114	黒い白鳥	平賀とくじ	若木書房	33, 12
I-126	山びこ少女　完結編	渡辺まさ子	若木書房	34, 9
I-130	白い流れ星	池田哲夫	島村出版社	不詳
I-132	山びこ少女　第 2 集	渡辺雅子	若木書房	33, 3
I-134	黒い花の少女	三田みのる	東京漫画出版社	年記無
I-136	金髪のメアリー	谷すみれ	東京漫画出版社	不詳
I-144	夢路いくとせ　后編	大石まどか	若木書房	34, 3
I-145	歌声よ永遠に	志岐としひこ	若木書房	34, 1
I-149	虹を呼ぶ歌	渡辺邦男	島村出版社	不詳
I-150	悲しき首かざり	遠藤信一	若木書房	34, 4
I-152	母恋月夜	長崎一夫	若木書房	年記無
I-155	歌え白鳥	巴里夫	若木書房	32, 6
I-156	少女のねがい	三田ひろみ	若木書房	34, 3
I-157	さすらいの白鳥	志岐としひこ	若木書房	34, 4
I-158	遠い日の夢 3	渡辺雅子	若木書房	32, 10
I-165	遥かなる河	鹿野もえる	若木書房	34, 1
I-166	咲く花散る花	青山凡児	ひばり書房	年記無
I-171	母恋夕月	牧美也子	東光堂	年記無
I-174	虹の姉妹	渡辺あきら	エトワール社	年記無
I-178	二つのみどり星	安楽ひかる	昌和漫画出版社	33, 10
I-181	トモ子の日記まんが物語	西沢まもる	きんらん社	34, 5
I-184	白衣の天使	谷ゆきお	島村出版社	34, 1
I-186	母呼ぶ歌声	峰山尚武	島村出版社	不詳
I-187	赤い松葉づえ	牧かずま	東洋漫画出版社	年記無
I-190	銀河の歌	籠島良弘	若木書房	33, 10
I-197	白ばらの少女	三條こみち	中村書店	34, 5
I-202	あらしの灯台守	ひもと太郎	若木書房	34, 3
I-204	黒いえのぐ　前編	鳥海やすと	若木書房	33, 3
I-214	ばらの瞳	だんひろし	若木書房	34, 3
I-215	涙のあかね雲	山口盛光	エトワール社	年記無

H-275	修羅地獄・若狭月夜　合本	作者名なし	メトロ漫画出版社	年記無
H-279	足軽二等兵	中井観邦	公楽出版社	年記無
H-280	掟を破った男	宮尾じゅん	中村書店	32, 9
H-281	血染めの小判	鈴木小二郎	東京漫画出版社	34, 3
H-285	妖魔の車井戸	森川賢一	太平洋文庫	33, 4
H-286	魔の油井戸	篠崎寿	太平洋文庫	34, 8
H-287	悲願修羅吹雪	朝丘純	児童文化研究会	不詳
H-288	野狐仙石纏	篠崎寿	太平洋文庫	不詳
H-294	火猿大名	安田元貞	太平洋文庫	34, 9

I-5	女中のお豆さん	夢田ユメヲ	ひばり書房	年記無
I-6	花の瞳	鈴原研一	曙出版	34, 5
I-12	哀愁の夢淡く	谷悠紀子	金龍出版社	年記無
I-13	さよなら港	小沼やす子	東京漫画出版社	34, 6
I-17	しおかぜの歌	加来昭博	中村書店	年記無
I-18	星ふる浜辺	小船純	曙出版	34, 5
I-19	虹の女王　第2部	大鹿ひであき	きんらん社	33, 7
I-24	幸いはいづこに	高木康之	中村書店	34, 3
I-27	おセンチの花咲けど	夢田ユメヲ	ひばり書房	年記無
I-28	もらわれっ子	弓田うさ	東京漫画出版社	年記無
I-37	あらしの小鳩	せきりいち	金園社	年記無
I-39	黒い真珠　后編	鳥海康人	若木書房	33, 11
I-63	赤い松葉づえ　第4集	牧かずま	東洋漫画出版社	年記無
I-66	黒百合少女　前編	田中こみち	日本漫画社	年記無
I-69	悲しきバイオリン	むれあき子	若木書房	33, 12
I-70	花のコーラス	竹田まさお	若木書房	年記無
I-72	東京の歌姫　前編	渡辺芳子	日本漫画社	年記無
I-78	ひなぎく物語	青木たかし	エトワール社	年記無
I-80	月影のなぎさ	南芳枝	ひばり書房	年記無
I-81	どこかで幸福が	木内千鶴子	東光堂	年記無
I-89	運命の扉	伊藤澄	暁星	年記無
I-90	二人の天使	赤松セツ子	若木書房	34, 2
I-100	いちばん鳥物語　1集	よりたやすお	昌和漫画出版社	33, 12
I-101	あすなろ草の歌	正井明良	セントラル出版社	不詳
I-103	嘆きの小鳩	金子久子	オリオン社	年記無

H-155	勤王狼少年	土屋清二	オリオン社	年記無
H-157	流星十字打ち	桝本朝男	昌和漫画出版社	33, 12
H-159	魔剣六方くずし	高木康之	中村書店	33, 10
H-172	あばれ頭巾　第2巻	堀江卓	若木書房	34, 3
H-173	前編剣豪江戸侍	白井豊	東光堂	年記無
H-178	あばれ頭巾3　完結編	堀江卓	若木書房	34, 5
H-181	秘聞羅殺剣	宮岡さとる	金龍出版社	年記無
H-182	風雲隠密魔城	横田正	島村出版社	33, 11
H-188	剣地獄　前編	久慈あきら	ひばり書房	年記無
H-190	黒い殺気　前編	東田健二	わかば書房	不詳
H-191	黒い殺気　后編	東田健二	わかば書房	不詳
H-192	落花の秘剣	金光しげる	ひばり書房	年記無
H-195	剣地獄	久慈あきら	ひばり書房	年記無
H-203	白ゆり姫物語	三島みちひこ	エトワール社	年記無
H-215	土俵の王者	三島みちひこ	きんらん社	34, 1
H-217	妖奇白蛇剣　後編	鹿野たけを	日本漫画社	年記無
H-225	ふく面剣士	小林一夫	中村書店	不詳
H-232	化物稲荷　第1巻	城昌幸原作・横田徳男画	若木書房	33, 6
H-235	まぼろしの剣	小林一夫	若木書房	年記無
H-237	魔剣地獄	山田順一郎	東光堂	年記無
H-238	悲願双竜剣	成島一夫	ひばり書房	年記無
H-245	変化小天狗	高木康之	若木書房	年記無
H-247	悲願狂人剣	ひらい・まさね	金園社	年記無
H-250	こうもり駕籠	安田元貞	太平洋文庫	不詳
H-255	怪奇人だま筏	篠崎寿	太平洋文庫	34, 4
H-256	百万両の壷	安田元貞	太平洋文庫	34, 11
H-259	紅獅子の秘宝	鈴木清治	太平洋文庫	不詳
H-260	恐怖の足跡	利野文戸俊	太平洋文庫	34, 11
H-261	神風魔像	鈴木清治	太平洋文庫	34, 11
H-262	迷い地蔵の怪	篠崎寿	太平洋文庫	不詳
H-263	奇厳城の妖婆	森川賢一	太平洋文庫	不詳
H-264	黄金天馬像	和泉秀明	太平洋文庫	不詳
H-265	恐怖の大蛸	池田弘	太平洋文庫	不詳
H-267	隠密剣光録	小宮小次郎	日本漫画社	不詳
H-273	闇姫ばなし	池田弘	太平洋文庫	不詳

H-7	神変蟇法師	坂上秦夫	太平洋文庫	不詳
H-9	忍者武芸帳　第4巻	東田健二	わかば書房	年記無
H-12	月影秘帳　原作田中美佐雄	作画川崎のぼる	わかば書房	年記無
H-15	赤胴鈴之助　第22巻	竹内つなよし	少年画報社	34, 12
H-16	闇法師推参	村橋わたる	わかば書房	年記無
H-18	秘聞羅殺剣	宮岡さとる	金龍出版社	年記無
H-22	神童竜之介	林専太郎	文洋社	不詳
H-23	続剣乱夜叉	藤井博文	ひばり書房	年記無
H-28	武士なればこそ	東田健二	ひばり書房	不詳
H-30	鬼介武芸	江川進	裕文社	年記無
H-31	鬼剣乱舞	中鼻孝	大宝出版社	年記無
H-32	忍法武芸帳	土屋一平	あかしや書房	34, 2
H-35	生と死の剣	藤井博文	ひばり書房	年記無
H-38	無念上意剣	成島一夫	ひばり書房	年記無
H-40	恩讐夢想剣　完結	社領系明	ひばり書房	年記無
H-41	黒い死の谷	東田健二	ひばり書房	年記無
H-42	狂笑猫男	宇佐見豊	公楽出版社	年記無
H-46	悲願一本太刀	伊藤正樹	曙出版	34, 1
H-76	悪魔は夜踊る	沢田竜治	文洋社	不詳
H-78	戦慄招き猫	徳南晴一郎	曙出版	34, 7
H-79	必殺一文字剣	浜田あきら	曙出版	34, 4
H-82	山岳党異聞	仲よしお	若木書房	34, 1
H-85	恩讐黒潮丸	山路行夫	曉星	年記無
H-97	つばくろ頭巾	堀江卓	東方漫画出版社	33, 7
H-99	青雲の鬼　白駒黒駒の巻	都島京弥	東光堂	年記無
H-103	后編放浪の剣士	白井豊	東光堂	年記無
H-104	甲賀忍法帖　第一部紅蓮城の巻	橋本よしはる	わかば書房	年記無
H-108	天の剣・地の剣	鈴木洸史	児童文化研究会	不詳
H-109	熱血美剣士	津越明	東光堂	年記無
H-119	秘剣斬影	社領系明	東光堂	年記無
H-120	剣と少年　完結	社領系明	東光堂	年記無
H-130	変化白狐童人	神戸重司	曙出版	34, 6
H-135	剣雲乱光	竜水信太郎	東光堂	年記無
H-141	幕末黒帯祭	大川明	三協出版社	年記無
H-153	妖雲隠密秘帖	大石章	兎月書房	33, 4

B-247	血太郎孤独雲	柴田錬三郎	講談社	33, 10
B-248	江戸っ子侍　前編	柴田錬三郎	新潮社	35, 5
B-249	尺八乞食	山手樹一郎	光風社	35, 6
B-250	剣は知っていた　下	柴田錬三郎	新潮社	32, 9
B-251	風流使者　上巻	五味康祐	新潮社	34, 3
B-252	主水血笑録	柴田錬三郎	講談社	34, 4
B-253	燃えろ朝雲	柴田錬三郎	光風社	33, 2
B-255	江戸八百八町	小島健三	浪速書房	35, 5
B-256	雪磨一本刀	白井喬二	桃源社	34, 4
B-257	颯爽恋慕笠	小島健三	浪速書房	35, 3
B-258	雪磨一本刀　続編	白井喬二	桃源社	34, 4
B-259	雪磨一本刀　完結編	白井喬二	桃源社	34, 5
B-260	やわ肌小町	小島健三	大和出版	34, 8
B-261	べらんめえ判官	九鬼紫郎	新文芸社	35, 2
B-262	かげろう剣士	神山邦之	豊書房	35, 5
B-262	（番号重複）血髑髏組	高木彬光	東京文芸社	31, 6
B-263	花の千両肌	高木彬光	朝日書房	35, 7

記号無	青春の風	山手樹一郎	講談社	33, 8
記号無	江戸っ子侍　後編	柴田錬三郎	新潮社	35, 7
記号無	日影恋影	沙羅双樹	桃源社	33, 9
記号無	血潮笛	柴田錬三郎	講談社	33, 2
記号無	浪人八景　上	山手樹一郎	桃源社	33, 8
記号無	浪人八景　下	山手樹一郎	桃源社	33, 8
記号無	修羅王	高木彬光	新文芸社	34, 4
記号無	新編三国志	柴田錬三郎	春陽堂書店	33, 4
記号無	新撰大衆小説全集第 11 巻　慶安走馬灯	大村清	桃源社	30, 5
記号無	若様侍怪談くずれ	城昌幸	春秋社	34, 6
記号無	遊太郎巷談　下	柴田錬三郎	新書版　講談社	35, 7
記号無	又四郎行状記	山手樹一郎	文庫版　春陽堂	34, 11

記号	書名	作者	出版社	発行年月
【B6 版マンガ】				
H-2	秘剣双六	田中誓夫	若木書房	33, 4

B-190	母恋大名	高山光三	白峰社	34, 3
B-191	恋風横町	高木純之	雄文社	33, 12
B-192	冷飯どの参上	大江利久	白峰社	34, 5
B-193	怪傑修羅王	高木彬光	同光社	34, 5
B-195	好色城	岩崎栄	同光社	33, 4
B-196	浪人颯爽記	颯手達治	浪速書房	34, 7
B-197	海鳴りの果て	若山純一	穂高書房	34, 10
B-198	金四郎姫参上	小島健三	同人社	35, 2
B-200	おぼろ夜剣法	神山邦之	雄文社	34, 4
B-201	青空花頭巾	長崎謙二郎	同光社出版	34, 11
B-202	富士に立つ若殿	高木純之	小説刊行社	34, 10
B-203	父の星	尾崎士郎	東光出版社	不詳
B-204	酔いどれ牡丹	角田喜久雄	東京文芸社	31, 2
B-205	続酔いどれ牡丹	角田喜久雄	東京文芸社	31, 4
B-206	花の旗本剣法	長崎謙二郎	同光社出版	34, 8
B-209	白鬼屋敷	高木彬光	桃源社	33, 7
B-210	戦国風流武士	海音寺潮五郎	光風社	34, 1
B-211	江戸姿若様侍	左近隆	ゆたか書店	34, 2
B-212	浪人囃子　下	村上元三	桃源社	32, 11
B-213	浪人囃子　上	村上元三	桃源社	32, 12
B-214	歌麿をめぐる女達	邦枝完二	小壷天書房	34, 9
B-215	緋ざくら浪人	風早恵介	ゆたか書店	34, 2
B-216	好色人形師	並木行夫	新東京書房	35, 2
B-218	若さま侍女幻術師	城昌幸	同光社	33, 12
B-220	赤い影法師	柴田錬三郎	文芸春秋社	35, 11
B-221	鍔鳴り若君	佐々木杜太郎	大和出版	34, 11
B-224	坂田藤十郎	中野実	東方社	29, 11
B-227	蛇神魔殿	木彬光	浪速書房	34, 12
B-231	薩摩飛脚　上巻	大佛次郎	光風社	34, 6
B-232	薩摩飛脚　中巻	大佛次郎	光風社	34, 7
B-233	薩摩飛脚　下巻	大佛次郎	光風社	34, 7
B-234	若様風来剣	颯手達治	大和出版	34, 10
B-239	姫恋若君	池田信太郎	大和出版	35, 3
B-241	剣は知っていた　上	柴田錬三郎	新潮社	32, 5
B-246	剣は知っていた　中	柴田錬三郎	新潮社	32, 7

B-137	ひやめし若殿	太田孝之助	大和出版	34, 5
B-138	若殿小判鮫	上野登士郎	大和出版他	34, 4
B-140	無鉄砲若君	池田信太郎	大和出版他	34, 6
B-144	青空豪傑	横倉達二	同光社	32, 12
B-145	ふり袖剣士	池田信太郎	小説刊行社	34, 3
B-151	濡れ髪剣士	江崎俊平	大和出版	33, 11
B-152	素浪人只今参上	江崎俊平	大和出版	33, 10
B-153	浪人恋紅笠	九鬼紫郎	白峰社	34, 1
B-155	口紅三千石　上	穂積驚	桃源社	33, 9
B-156	口紅三千石　下	穂積驚	桃源社	33, 9
B-157	大名孔雀	陣出達朗	桃源社	33, 6
B-159	富嶽秘帖　下	陣出達朗	桃源社	32, 12
B-160	江戸群盗伝	柴田錬三郎	桃源社	33, 2
B-163	遊太郎巷談　上	柴田錬三郎	新書版　講談社	35, 6
B-167	折鶴秘帖	並木行夫	同人社	34, 6
B-170	玉肌ごよみ	野沢純	同人社	32, 4
B-171	千代田城炎上	長崎謙二郎	同光社出版	34, 6
B-172	振袖囃子	瀬戸口寅雄	同光社	34, 5
B-173	鷹の羽剣法	三好次郎	和同出版社	34, 1
B-174	浪人旋風	颯手達治	浪速書房	34, 4
B-175	ぼんくら天狗	山手樹一郎	東方社	35, 9
B-176	天晴れ鬼姫	上野登史郎	白峰社	34, 3
B-176(番号重複)	剣魔主膳	朱雀八郎	川津書店	34, 7
B-177	浪人系図	小山竜太郎	同人社	35, 1
B-178	謎の黄金秘境	九鬼紫郎	朝日書房	34, 11
B-179	青空剣法	山手樹一郎	新書版　講談社	34, 2
B-180	曽我平九郎(続青空剣法)	山手樹一郎	新書版　講談社	34, 2
B-181	女難街道	並木行夫	明文社	35, 3
B-182	若君日本晴れ	坂本晃一	小説刊行社	34, 8
B-184	風流恋隠密	伊東渓二	雄山社	34, 6
B-185	若さま恋飛脚	颯手達治	小説刊行社	34, 10
B-186	怪異雛人形	角田喜久雄	同星出版社	34, 3
B-187	若さま頭巾	太田孝之助	雄文社	34, 2
B-188	恋獅子剣法	鳴門秋一	雄文社	34, 5
B-189	お忍び屋敷	颯手達治	浪速書房	34, 9

B-75	満月鴎侍　下	土師清二	桃源社	32, 9
B-78	鍔鳴り素浪人	太田瓢一郎	小説刊行社	33, 12
B-79	天竺浪人	金忠輔	川津書店	34, 3
B-82	美男若衆	瀬戸口寅雄	雄文社	33, 7
B-84	無頼剣左膳	高木寛二	ゆたか書房	33, 10
B-85	闇に飛ぶ駕籠	陣出達朗	新文芸社	34, 9
B-92	満月鴎侍　上	土師清二	桃源社	32, 9
B-94	江戸の通り魔	佐々木杜太郎	新文芸社	34, 12
B-95	荒獅子大名	長崎謙二郎	新文芸社	34, 12
B-97	鼻の紋三郎	鳴山草平	同人社	34, 2
B-98	若様忍び手柄	城昌幸	桃源社	32, 11
B-101	御守殿化粧	上野又一郎	同人社	34, 1
B-103	花の兄弟　続編	子母沢寛	桃源社	31, 8
B-104	さけぶ雷鳥	吉川英治　文庫版	桃源社	32, 6
B-105	徳川地獄図絵　続	直木三十五	朝日書房	34, 10
B-107	紅騎兵　下巻	吉川英治　文庫版	桃源社	32, 3
B-108	徳川地獄図絵	直木三十五	朝日書房	34, 9
B-109	変化獅子	横溝正史	東京文芸社	32, 11
B-110	疾風京四郎	九鬼紫郎	桃源社	33, 5
B-111	おんぼろ大名	赤石金四郎	白峰社	33, 11
B-112	二階堂萬作	山手樹一郎	東方社	35, 5
B-115	増補戦国佳人	山岡荘八	和同出版社	32, 9
B-116	八幡大菩薩	早乙女貢	東方社	31,12
B-117	恋獅子若衆	颯手達治	大和出版	34, 6
B-119	悲願三代塔	吉川英治	桃源社	32, 9
B-120	花唄さんさ時雨	沙羅双樹	桃源社	33, 1
B-123	お役者大名	佐々木杜太郎	大和出版	34, 7
B-125	女人祭	戸川貞雄	同人社	32, 1
B-126	若殿隠密鷹	颯手達治	大和出版	34, 3
B-127	嵐を呼ぶ新選組	中沢巠夫	同光社	33, 10
B-128	源氏物語	北條秀司	宝文館	32, 2
B-129	地獄の使者	西宮慧	白峰社	33, 8
B-130	若殿恋しぐれ	江崎俊平	大和出版	34, 2
B-134	血染め隠密	佐々木杜太郎	川津書店	34, 5
B-135	剣と潮土佐海援隊	富田常雄	光風社	33, 2

B-28	金色奉行　続編	白井喬二	桃源社	32, 3
B-29	金色奉行	白井喬二	桃源社	32, 3
B-30	江戸の剣鬼	藤島一虎	朝日書房	35, 2
B-31	月姫血笑記	島田一男	和同出版社	33, 10
B-32	あっぱれ素浪人	橘千秋	小説刊行社	33, 11
B-33	すっとび萬両	神山誠	和同出版社	33, 10
B-34	江戸の恋風	山手樹一郎	桃源社	33, 11
B-36	新撰大衆小説全集第3巻女桜	大佛次郎	桃源社	30, 3
B-39	姫君百万石	九鬼紫郎	白峰社	35, 3
B-40	わが名は素浪人	中沢巠夫	新文芸社	34, 7
B-41	菊太郎無惨囃子	島田一男	桃源社	34, 3
B-43	江戸町奉行御用控	三好次郎	新文芸社	34, 9
B-44	御家人ばやし	江崎俊平	東京文芸社	35, 1
B-45	若衆花ごよみ	颯手達治	大和出版	35, 2
B-47	魔剣侍	小田仁二郎	浪速書房	34, 5
B-48	江戸の恋風	三好次郎	新文芸社	34, 7
B-51	変化奉行	佐々木杜太郎	新文芸社	34, 6
B-53	小太郎の旗	高木彬光	東京文芸社	33, 7
B-55	喧嘩囃子	野沢純	新文芸社	34, 6
B-56	五十両の夢	山手樹一郎　新書版	講談社	35, 2
B-58	すっとび侍好色控	岩崎栄	第一文芸社	33, 9
B-59	飛剣花ぐるま	沙羅双樹	新文芸社	34, 10
B-61	あばれ振袖	高木彬光	東京文芸社	30, 12
B-62	続あばれ振袖	高木彬光	東京文芸社	31, 1
B-63	碧眼無頼	宮下幻一郎	桃源社	33, 2
B-64	緋牡丹剣士	池田信太郎	小説刊行社	33, 10
B-65	御用盗変化	高木彬光	東京文芸社	32, 10
B-66	長脇差剣法	横倉辰次	新文芸社	34, 10
B-67	紅騎兵　上巻	吉川英治　文庫版	桃源社	32, 3
B-68	ちりめん駕籠	瀬戸口寅雄	雄文社	33, 3
B-69	白狐二刀流	柴田錬三郎	桃源社	33, 3
B-71	面影波太郎	風巻紘一郎	白峰社	33, 9
B-72	浪人八景	桜町静夫	光風社	33, 12
B-73	おもかげ剣士	神山邦之	雄文社	34, 6
B-74	乱世の人	榊山潤	東京文芸社	33, 12

無記号	兵六大臣行状記　漁色のこよみ	下川儀太郎	朱雀新社	35, 9
無記号	第三の情事	園田てる子	東京ライフ社	33, 8
無記号	望郷記	井上友一郎	小壷天書房	33, 10
無記号	黒い氷河	船山馨	光風社	35, 9
無記号	電光山猫娘	城戸禮	浪速書房	34, 2
無記号	奇蹟のボレロ	角田喜久雄	桃源社	33, 12
無記号	人間の条件　第6部	五味川純平	三一書房	34, 2
無記号	白い帆柱	内村直也	秋元書房	35, 2
無記号	歌行燈	泉鏡花	岩波文庫	16, 4
無記号	デカメロン　1	ボッカチオ	岩波文庫	25, 5
無記号	弟子　下	ブールジ	岩波文庫	16, 7
無記号	罪と罰　第二巻	ドストエフスキイ	岩波文庫	24, 12
無記号	或る女　前編	有島武郎	岩波文庫	25, 5
無記号	河童	芥川龍之介	岩波文庫	18, 6
無記号	愛の情念に関する説	パスカル	角川文庫	25, 9
無記号	木に凭りて	吉田紘二郎	新潮文庫	13, 4
無記号	みさきの虹　三木澄子	女学生の友8月号付録	小学館	35, 8

記号	書名	作者	出版社	発行年月
【時代小説】				
B-3	旗本暴れん坊	鳴門秋一	ゆたか書店	34, 11
B-5	旗本素浪人	楢俊介	ゆたか書店	35, 1
B-6	近藤勇	井上友一郎	六興出版部	33, 12
B-7	居酒屋浪人	小島健三	浪速書房	35, 2
B-8	祇園天狗風流剣	陣出達郎	東京文芸社	33, 8
B-10	身代わり小町	小島健三	大和出版	34, 12
B-11	孤剣たぶれ笠	宮下幻一郎	浪速書房	35, 3
B-13	孔雀駕籠　下	陣出達郎	東京文芸社	33, 4
B-14	夜の花道	山手樹一郎	光風社	35, 3
B-15	小町鬼	横倉達次	浪速書房	33, 9
B-17	恋の拍子舞	並木行夫　文庫版	桃源社	32, 6
B-18	変幻孔雀大名	風間十郎	小説刊行社	33, 12
B-24	はやぶさ奉行	陣出達郎	東京文芸社	32, 11
B-26	朱鞘若さま	左近隆	豊書房	35, 2
B-27	競艶八剣伝　島田一男　文庫版		東京文芸社	不詳

無記号	悪男悪女	渡辺啓助	桃源社	33, 10
無記号	渇いた牙	佐川恒彦	浪速書房	35, 11
無記号	猿飛三四郎	城戸禮	浪速書房	34, 4
無記号	はりきり若旦那	行茅生	ゆたか書房	34, 5
無記号	恋人よおやすみ	宮内寒弥	和同出版社	34, 2
無記号	月を射つ銃声	山田克郎	浪速書房	34, 4
無記号	その終わりから	瀬戸内晴美	浪速書房	35, 9
無記号	無鉄砲社員	三橋一夫	大和出版	35, 8
無記号	白いたそがれ	加賀淳子	桃源社	34, 9
無記号	悪魔のような女	角田喜久雄	桃源社	34, 5
無記号	青春の岐路	火野葦平	光文社	33, 10
無記号	がんばれ痛快娘	城戸禮	浪速書房	35, 4
無記号	白い風赤い風	井上靖	角川書店	32, 4
無記号	落日殺人事件	山田風太郎	桃源社	33, 7
無記号	春雷	加藤武雄	東方社	31, 8
無記号	空手のお姐ちゃん	城戸禮	浪速書房	34, 6
無記号	再婚旅行	林房雄	東方社	30, 6
無記号	新編大衆文学名作全集　白虎　浮雲日記	富田常雄	河出書房	31, 2
無記号	ある斜面の夏子	船橋聖一	新潮社	35, 4
無記号	真昼の抱擁	浅間仙子	同人社	36, 3
無記号	冷凍人間	鮎川哲也	桃源社	33, 11
無記号	湖畔の決闘	三橋一夫	小説刊行社	35, 8
無記号	箱入り女房	尾崎士郎	光風社	35, 10
無記号	有情無情	加賀淳子	桃源社	34, 11
無記号	号令一下	竹森一男	大和出版	36, 1
無記号	歪んだ顔	角田喜久雄	桃源社	33, 4
無記号	一進一退	三橋一夫	大和出版	35, 11
無記号	薔薇の木にバラの花咲く	芝木好子	光文社	34, 11
無記号	踏みはずした春	藤口透吾	朱雀社	33, 6
無記号	若い豹のむれ	秋永芳郎	龍書房	34, 7
無記号	おしどり風来坊	三橋一夫	同人社	36, 4
無記号	横光利一全集第十巻　続旅愁ほか８編		河出書房	31, 5
無記号	地獄からの使者	大河内常平	榊原書店	32, 3
無記号	心機一転	竹森一男	大和出版	35,10

C-94	連続完全犯罪	楠田匡介	同光社	34, 10
C-95	自殺博士	大下宇陀児	同光社出版	34, 10
C-98	探偵小説名作全集 5	角田喜久雄集	河出書房	31, 6
C-99	白魔の歌	高木彬光	和同出版社	33, 11
C-101	闇に光る男	角田実	同星出版社	34, 6
C-102	警察医	島田一男	光風社	34, 11
C-103	部長刑事	島田一男	光風社	34, 10
C-105	警察記者	島田一男	光風社	34, 8
C-106	南郷次郎の逆襲	島田一男	光風社	33, 5
C-107	妖精の指	島田一男	光風社	33, 3
C-108	東京暴力街	島田一男	東方社	30, 5
C-112	探偵小説名作全集 1	江戸川乱歩集	河出書房	31, 7
C-113	第三の殺意	楢俊介	ゆたか書店	34, 9
C-114	特種記者	島田一男	光風社	34, 1
C-115	夜の処刑者	日影丈吉	光風社	34, 6
C-116	罠	楳本捨三	小壷天書房	34, 11
C-118	東京殺人街	萩原秀夫	東京ライフ社	33, 2
C-120	大都会の殺し屋	萩原秀夫	新東京書房	35, 2
C-121	ある死刑囚の手記	橘外男	六曜社	35, 6
C-123	地獄の花道	島田一男	朝日書房	35, 5
C-124	飼育人間	大下宇陀児	光風社	34, 12
C-125	第 8 監房	柴田錬三郎	光風社	34, 8
C-126	絶対絶命　フレデリック・ダール	中込純次訳	三笠書房	33,11
C-127	受話器を刺す銃声	九鬼紫郎	白峰社	34, 9
C-132	死を開く扉	高木彬光	浪速書房	34, 9
C-134	白妖鬼	高木彬光	東方社	32, 4
C- 不詳	女事件記者	島田一男	浪速書房	35, 8
C- 不詳	黒い配役	土門龍二	創龍社	35, 1
無記号	嵐のマウンド	沙羅双樹	桃源社	34, 6
無記号	清心なく	小島政次郎	東方社	29, 6
無記号	仮面の女	芝木好子	講談社	34, 2
無記号	白い魔魚	船橋聖一	新潮社	31, 3
無記号	恋愛獲得講座	瀬戸内晴美	和同出版社	34, 3
無記号	東京駅	佐川恒彦	浪速書房	35, 7

C-39	赤い十字路	戸川幸夫	光風社	33, 7
C-40	犯罪街の狼	九鬼紫郎	川津書店	34, 3
C-41	地獄の旅券	鷲尾三郎	光風社	33, 12
C-42	探偵小説名作全集 4	横溝正史集	河出書房	32, 2
C-43	目撃者	高木彬光	東京文芸社	34, 2
C-45	地獄の底までつきあうぜ	杉浦健郎	小説刊行社	34, 6
C-46	不完全指紋	長谷川公文	小説刊行社	34, 7
C-47	社会部記者　消された女	長谷川公文	小説刊行社	34, 9
C-48	次席検事	金川太郎	和同出版社	34, 3
C-53	天狗の面	土屋隆夫	浪速書房	33, 7
C-54	犯罪診断簿	島田一男	光風社	34, 6
C-55	天国は遠すぎる	土屋隆夫	浪速書房	43, 2
C-56	特捜記者	野々宮正澄	ゆたか書房	33, 8
C-59	夜来る悪魔	佐伯利久	白峰社	34, 5
C-61	浮気な死神	高木彬光	東京文芸社	32, 5
C-62	肌の告白	土屋隆夫	浪速書房	34, 6
C-63	仮面の街	島田一男	光風社	34, 3
C-65	顔役地帯	下村明	浪速書房	33, 7
C-66	犯罪待避線	島田一男	光風社	34, 5
C-67	殺人名簿	島田一男	光風社	34, 6
C-70	大前田探偵局事件簿	高木彬光	同光社出版	34, 11
C-73	無法地帯の男	宮下幻一郎	同光社出版	34, 6
C-74	虚像	大下宇陀児	同光社出版	34, 7
C-75	危険な眼	宮下幻一郎	同星出版社	34, 11
C-76	真珠と銃弾	西村亮太郎	南旺社	33, 7
C-79	火星美人	大下宇陀児	穂高書房	33, 9
C-81	裸女と拳銃	鷲尾三郎	同光社	34, 7
C-82	悪魔の数え唄	江守達也	白峰社	34, 3
C-84	犯罪地帯	萩原秀夫	雄文社	33, 8
C-85	白い顔の恐怖	江守達也	白峰社	34, 4
C-87	午前 0 時の殺人	江守達也	白峰社	34, 2
C-88	結婚式殺人	鷲尾三郎	同光社出版	34, 5
C-90	野獣の挑戦	江守達也	白峰社	34, 5
C-91	魔女を探せ	九鬼紫郎	川津書店	34, 4
C-92	密室殺人	楠田匡介	同光社出版	34, 5

A-?	花嫁募集中	三木鮎郎	桃源社	31, 7
A-?	夫婦の味	土岐雄二	光風社	35, 6
A-?	朱よりもあかく	大林清	桃源社	34, 7
A-?	続朱よりもあかく	大林清	桃源社	34, 7
A-?	敏腕記者	織田竜之	ゆたか書店	34, 11
C-1	探偵手塚龍太	甲賀三郎	東方社	31, 11
C-2	悪魔よ眠れ	九鬼紫郎	川津書店	34, 7
C-3	娘たちは怖い	大下宇陀児	東方社	30, 5
C-6	古墳殺人事件	島田一男	光風社	35, 3
C-8	大阪駅	佐川恒彦	浪速書房	34, 3
C-10	恐怖の歯型	大下宇陀児	東方社	30, 6
C-11	その男指名手配	下村明	浪速書房	33, 10
C-12	地獄の口笛	栗田信	ゆたか書房	33, 8
C-13	魔弾の射手	高木彬光	東方社	30, 8
C-14	謎の紅蝙蝠	横溝正史	東京文芸社	35, 2
C-18	金田一耕助推理全集 15　黒猫亭事件	横溝正史	東京文芸社	34, 12
C-20	狂った断面	西田稔	小説刊行社	33, 9
C-21	（時代小説）春風笠	中沢巠夫	同光社	31, 3
C-24	N2 号館の殺人	甲賀三郎	東方社	31, 6
C-25	（時代小説）捕物小説全集 2　人形佐七捕物文庫	横溝正史	河出書房	32, 3
C-26	（時代小説）銭形平次捕物全集 22	野村胡堂	河出書房	32, 3
C-27	池水荘綺譚	甲賀三郎	東方社	31, 9
C-28	お前の番だ	高木彬光	東京文芸社	33, 1
C-29	事件地図	佐川恒彦	浪速書房	33, 11
C-30	暴力新地図	毎日新聞社会部編	浪速書房	33, 12
C-31	探偵小説名作全集 8	木々高太郎集	河出書房	31, 9
C-33	暗闇男爵	角田実	朱雀社	33, 11
C-34	悪の素顔	佐川恒彦	浪速書房	33, 12
C-35	呪縛の沼	鷲尾三郎	松沢書店	34, 2
C-36	三尺の墓	高木彬光	東京文芸社	33, 8
C-37	地獄の神々	鷲尾三郎	東方社	32, 1
C-38	続赤い十字路	戸川幸夫	光風社	33, 8

A-219	縁切寺千一夜	陣出達朗	桃源社	33, 12
A-220	火の誘惑	源氏鶏太	東方社	35, 11
A-221	社長の息子	竹森一男	小説刊行社	34, 10
A-222	恋がノックする時	藤原審爾	和同出版社	34, 3
A-223	若旦那奮戦す	三橋一夫	小説刊行社	35, 1
A-224	浮気の手ほどき	園生義人	小説刊行社	34, 12
A-225	新粧五人女	田村泰次郎	和同出版社	34, 4
A-225	（番号重複）社内円満	竹森一男	小説刊行社	35, 1
A-226	火星から来た男　上	中野実	東京文芸社	33, 5
A-226	（番号重複）女草	土屋寧	小壷天書房	34, 10
A-227	ひまわり娘と若旦那	中野俊介	みのり書店	35, 8
A-227	（番号重複）めぐり逢うとき	北條誠	川津書店	35, 6
A-229	ママさんの告白日記	園生義人	大和出版	34, 10
A-230	若い傾斜	船山馨	光風社	34, 7
A-231	君恋う舗道	大林清	浪速書房	35, 1
A-233	浅草大四郎	風早恵介	ゆたか書店	34, 12
A-235	女ひとり	芝木好子	文芸評論新社	34, 3
A-237	嵐の中の英雄	佐伯利久	白峰社	33, 12
A-238	犠牲　　モアリア	大久保康雄訳	三笠書房	32, 6
A-240	崖	岡田久子	朱雀社	33, 10
A-241	創作代表選集 22　昭和 33 年前期	日本文芸家協会	講談社	33, 9
A-243	花嫁紛失	三橋一夫	桃源社	32, 5
A-244	喪失の季節	船山馨	光風社	35, 2
A-252	処女連祷	有吉佐和子	三笠書房	33, 4
A-259	河口	井上靖	中央公論社	35, 8
A-261	白い炎	井上靖	新潮社	32, 3
A-263	火の誘惑	大林清	浪速書房	34, 1
A-264	薔薇の流れ	大林清	浪速書房	34, 7
A-270	赤ちゃん奥様	園生義人	小説刊行社	35, 3
A-271	午前零時	井上友一郎	新潮社	28, 1
A-273	青春をわれらに	源氏鶏太	新潮社	30, 12
A-274	拳豪社員	萩原秀夫	ゆたか書店	35, 1
A-279	彼女は意地っ張り	風早恵介	みのり書店	35, 8
A-280	サカサマ天国	三橋一夫	桃源社	33, 4

A-168	人形と笛	佐多稲子	パトリア	33, 5
A-169	愛と惑いの季節	中村八朗	小壷天書房	33, 7
A-170	駄々っ子社長続編　お嬢さん社長	船山馨	和同出版社	34, 5
A-171	美貌の罠	大林清	光風社	34, 7
A-173	青春舞台	中野実	光風社	34, 3
A-174	青春舞台　続	中野実	光風社	34, 6
A-175	黄昏の都会	加藤武雄	東方社	31, 9
A-176	女ざかり	小山いと子	文芸評論新社	33,12
A-178	恐怖の幽霊線	船崎淳	小壷天書房	34, 8
A-181	水着の女子高校生	園生義人	大和出版	34, 8
A-181	（番号重複）日本悲恋物語	村松梢風	清和書院	33, 5
A-182	哀愁の園	大林清	東京文芸社	32, 1
A-184	青い裸像	川内康範	南旺社	33, 8
A-186	この恋百万弗	中野実	東方社	32, 4
A-187	白い珊瑚礁	牧野吉晴	東京文芸社	30, 12
A-188	運命の激浪	佐伯利久	白峰社	33, 10
A-189	刺青ざんげ	中野実	桃源社	33, 2
A-189	（番号重複）熱血社員獅子奮迅	竹森一男	小説刊行社	34, 7
A-190	妻の倫理	立松由紀夫	光風社	33, 12
A-191	青い乳房	一条明	和同出版社	33, 9
A-192	たそがれ令嬢	井上友一郎	和同出版社	34, 2
A-193	風の中の花	北條誠	川津書店	34, 2
A-195	花と断層	滋賀則子	光源社	34, 11
A-197	大安吉日	源氏鶏太	東方社	35, 7
A-201	牝虎　H・A・バイヨフ	上脇進訳	小壷天書房	34, 11
A-202	偉大なる魔女	川内康範	南旺社	33, 9
A-204	女にしてくれ	梁取三義	朱雀社	33, 10
A-206	南風	富田常雄	桃源社	33, 10
A-208	ここに幸福の門	棟田博	東方社	31, 11
A-210	新婚白書	中野実	東方社	32, 5
A-211	女の暦	中野実	東方社	29, 1
A-212	魔の誘い	牧野吉晴	東京文芸社	33, 8
A-215	12の結婚	石川利光	小壷天書房	34, 12
A-216	伊那っぺ青春記	菜川作太郎	光風社	34, 1
A-218	死の筏	藤野英夫	緑地社	31, 7

A-108	少年少女世界名作　家なき子・イワンの馬鹿	小出書房編	小出書房	34, 9
A-110	少年少女世界名作　アラビアンナイト・鉄仮面	小出書房編	小出書房	34, 9
A-111	少年少女世界名作　ロビンフットの冒険・アルプスの少女	小出書房編	小出書房	34, 9
A-113	少年少女世界名作　ガリバー旅行記・グリム童話集	小出書房編	小出書房	34, 9
A-117	秘められた女	楢俊介	大和出版	33, 10
A-118	恋愛ペナントレース 上	三橋一夫	雄文社	34, 7
A-119	恋愛ペナントレース 下	三橋一夫	雄文社	34, 7
A-124	花は偽らず	堀まさ子	オリオン社	34, 1
A-125	愛の星影	岩杉邦子	オリオン社	34, 1
A-128	都会の虹	田村泰次郎	小壷天書房	33, 11
A-129	旅愁の都	井上友一郎	小壷天書房	33, 8
A-130	若旦那ばんざい	田中四郎	ゆたか書店	34, 7
A-131	愛の飛魚	井上友一郎	小壷天書房	33, 5
A-132	殿さま社長	風早恵介	ゆたか書店	34, 7
A-133	乾いた湖	榛葉英治	和同出版社	33, 11
A-138	完全な恋人	井上友一郎	小壷天書房	33, 7
A-141	大学の主将	中野俊介	ゆたか書店	34, 4
A-144	風俗夫人	柴田錬三郎	桃源社	32, 11
A-148	酒・うた・男	淡谷のり子	春陽堂書店	32, 10
A-151	翼なき鷹	大林清	桃源社	33, 2
A-152	女の都・パリ	芹沢光治郎	新創社	34, 6
A-153	美しき隣人	広津和郎	宝文館	32, 5
A-155	青い鳥　メーテルリンク作	小原圀芳訳	桜菊書院	21, 3
A-156	少女小説悲しき草笛	西条八十	東光出版社	23, 4
A-157	傑作長編小説全集 2	若い季節・嵐の中の顔　富田常雄	大日本雄弁会講談社	26, 5
A-160	お茶漬社員	三橋一夫	大和出版	34, 8
A-163	ねむの花さけども	堤千代	東方社	29, 3
A-164	花のうたげ	北條誠	桃源社	33, 4
A-166	娘の意見	三宅艶子編	春陽堂書店	33, 4
A-167	青空夫人	北村小松	東方社	32, 6

A-52　ちぎられた縄　火野葦平　小壷天書房　34, 9
A-53　すっぽん酒場　三橋一夫　和同出版社　33, 12
A-56　頑固先生行状記　和巻耿介　ゆたか書房　33, 8
A-58　二人の女子大学生　細田民樹　河北書房　16, 10
A-59　若き娘の手記　レベッカ　第1巻　デュ・モオリア
　　大久保康雄訳　ダヴット社　26, 3
A-61　修道女の告白　ドゥニ・デイドロ　吉永清訳　二見書房　24, 1
A-62　新しい将棋の差し方　山川次彦　田中書店　32, 5
A-63　将棋の差し方　土居・景山　大泉書店　26, 9
A-64　処世と青年　高島半峰　潮文閣　19, 4
A-68　現代用語の基礎知識　1957年増補版　自由国民社　32, 5
A-77　あかい風車　吉屋信子「まり子」より
　　あや子とかず子　佐藤紅緑「鞠の行方」より
　　少女11月号付録　10巻12号　光文社　29, 11
A-78　鉄腕記者　西条新一郎　ろまん書房　34, 7
A-80　七色の肌　京都伸夫　桃源社　32, 5
A-81　淑女夜河を渡る　小野稔　東京文芸社　33, 9
A-82　肉塊　田村泰次郎　和同出版社　33, 10
A-83　生れ変わった男　田村忠美　小説刊行社　33, 11
A-85　東京に美女あり　園生義人　小説刊行社　33, 10
A-86　三色娘　中野実　桃源社　32, 8
A-87　漂う女　榛葉英治　小壷天書房　34, 3
A-89　未婚　井上友一郎　小壷天書房　33, 4
A-91　恋愛分譲地　宮崎博史　東京文芸社　34, 3
A-92　流浪　川崎長太郎　文芸評論新社　34, 2
A-94　女心砕けたり　柴田錬三郎　桃源社　32, 6
A-96　突風社員　竹森一男　小説刊行社　34, 4
A-97　熱氷地帯　小堺昭二　小壷天書房　34, 5
A-99　流転の花びら　竹越和夫　東方社　32, 5
A-102　少年少女新選世界名作選集　岩窟王
　　秋永芳郎　東京出版社　34, 4
A-105　少年少女新選世界名作選集　乞食王子
　　信田秀一　東京出版社　34, 7
A-107　少年少女世界名作　十五少年漂流記・黒いチューリップ
　　小出書房編　小出書房　34, 9

貸本屋「しらかば文庫」（小田原市）旧蔵書目録

記号	書名	作者	出版社	発行年月
【現代小説】				
A-3	夕鶴日記　上巻	富田常雄	東京文芸社	33, 10
A-4	夕鶴日記　下巻	富田常雄	東京文芸社	33, 10
A-6	裸足　限定500部	青木香流	書燈社	34, 6
A-7	蛇の穴　メアリ・ジエーン・ワード	服部達訳	岡倉書房	26, 4
A-8	わが青春放浪記	大宅壮一編	春陽堂書店	33, 2
A-9	続わが青春放浪記	大宅壮一編	春陽堂書店	33, 5
A-10	女ごころ	由紀しげ子	文芸評論新社	33, 12
A-12	空手社員	三橋一夫	同人社	32, 9
A-13	若旦那武勇伝	城戸禮	東京文芸社	35, 1
A-15	うつむく女	平林たい子	新潮社	32, 9
A-17	永遠にわれ愛す	田村泰次郎	東方社	30, 5
A-19	続わが恋やまず	北條誠	桃源社	32, 6
A-23	わが恋やまず	北條誠	桃源社	32, 5
A-24	私は貝になりたい	橋本忍	現代社	34, 3
A-25	感触	園部博之	小壷天書房	33, 9
A-29	婚約三人娘	中野実	光風社	35, 2
A-30	背徳のよろこび	船山馨	和同出版社	34, 4
A-31	花ふたたび	阿木翁助	桃源社	31, 12
A-33	花開く乙女達	池田みち子	東方社	30, 3
A-34	北海の龍虎	梶野悳三	桃源社	33, 2
A-35	女優	森赫子	実業之日本社	31, 7
A-39	青春鉄腕娘	行茅生	ゆたか書店	33, 12
A-40	意地っ張り社員	萩原秀夫	雄文社	34, 2
A-41	紅燈に戦死す	宮本幹也	浪速書房	33, 8
A-42	若旦那売り出す	三橋一夫	和同出版社	34, 5
A-43	たつまき社員	萩原秀夫	雄文社	34, 6
A-44	鉄腕ご意見無用	城戸禮	東京文芸社	34, 12
A-45	逆襲社員	城戸禮	東京文芸社	35, 2
A-46	げんこつ人生	三橋一夫	雄文社	33, 12
A-47	地獄から来た女	田村泰次郎	和同出版社	34, 1
A-48	迷える女	瀬戸内晴美	小壷天書房	34, 4

高野　肇（たかの・はじめ）
1945年、満州に生まれる
1963年、古本屋高野書店に入店
1978年〜1980年、神奈川古書組合理事に就任
2004年〜2005年、神奈川古書組合理事に就任
以後現在に至る

貸本屋、古本屋、高野書店——出版人に聞く 8

2012年7月20日　初版第1刷印刷
2012年7月25日　初版第1刷発行

著　者　高野　肇
発行者　森下紀夫
発行所　論 創 社
東京都千代田区神田神保町2-23　北井ビル
tel. 03（3264）5254　fax. 03（3264）5232　web. http://www.ronso.co.jp/
振替口座　00160-1-155266
インタビュー・構成／小田光雄　装幀／宗利淳一
印刷・製本／中央精版印刷　組版／フレックスアート
ISBN978-4-8460-1161-1